U0524584

本书为作者主持的国家社会科学基金青年项目"父母与青少年子女微信沟通行为及其影响因素研究"（17CSH072）成果

社交媒体时代的
亲子微信沟通研究

高钦 著

中国社会科学出版社

图书在版编目（CIP）数据

社交媒体时代的亲子微信沟通研究 / 高钦著.
北京：中国社会科学出版社，2024.8.—ISBN 978-7
-5227-4081-2

Ⅰ．G78

中国国家版本馆 CIP 数据核字第 2024YE7806 号

出 版 人	赵剑英
责任编辑	程春雨
责任校对	王　龙
责任印制	张雪娇

出　　版	中国社会科学出版社
社　　址	北京鼓楼西大街甲 158 号
邮　　编	100720
网　　址	http://www.csspw.cn
发 行 部	010-84083685
门 市 部	010-84029450
经　　销	新华书店及其他书店
印　　刷	北京君升印刷有限公司
装　　订	廊坊市广阳区广增装订厂
版　　次	2024 年 8 月第 1 版
印　　次	2024 年 8 月第 1 次印刷
开　　本	710×1000　1/16
印　　张	14
插　　页	2
字　　数	185 千字
定　　价	88.00 元

凡购买中国社会科学出版社图书，如有质量问题请与本社营销中心联系调换
电话：010-84083683
版权所有　侵权必究

前　言

亲子沟通作为亲子关系的核心内容，对青少年的心理发展具有深远影响。如今，以信息通信技术（Information and Communication Technology, ICT）作为媒介的沟通已经渗透到人们生活的方方面面，也为父母和青少年沟通提供了全新的平台和渠道。那么，目前我国父母与青少年子女的 ICT 沟通现状如何？这样的沟通给亲子关系带来了什么样的影响？针对这些问题，目前国内外虽然有一定的实证研究积累，但由于国外研究大多聚焦于短信、电话、电子邮件、Facebook 等媒介，对我国当前亲子沟通实践的指导价值有限；而国内研究则主要集中于大学生群体，对低龄段的青少年——中学生群体的关注则较为缺乏。鉴于此，本书试图通过考察新媒体时代背景下我国父母—青少年亲子微信沟通行为，系统地对"我国父母与青少年子女如何使用微信沟通""哪些因素影响着父母—青少年的亲子微信沟通""父母—青少年的亲子微信沟通会带来什么结果"三大关键问题加以回答，从而为我国青少年与父母的亲子微信沟通实践提供切实的科学参考依据。

本书采用了问卷调查与实际行为数据并用，质性与量化分析互补，横断研究与纵向追踪相结合的方式，开展了三大研究，六项子研究。其中，研究一采用了基于参与者自我报告的调查法，在考察青少年的手机、微信使用情况的基础上，通过调查亲子微信好友状态，亲子微信沟通的特征、态度和体验，以及亲子微信沟通与面对面沟通的关系，来系统地回答"我国父母与青少年子女在如何使用微信沟通"的问题。研究一由 1a 和 1b 两项子研究组成，分别对 807 名中学生和 324 名大学生的亲子微信沟通情况进行了考察。

研究一结果表明，在微信好友状态上，75% 的中学生以及 99% 的大学生都通过主动或被动添加的方式与父母成为微信好友，仅有 0.23% 的中学生以及 0% 的大学生拒绝与父母成为微信好友。在与父母成为好友后，有近九成的中学生和六成的大学生表示并不会对自己的朋友圈内容做特别的设置或改动；也有九成的中学生和近九成的大学生表示不会改变发朋友圈的数量；但即便如此，仍有半数的中学生和七成以上的大学生或多或少地会对父母隐藏自己的朋友圈内容。在微信沟通特征上，中学生和大学生与父母的微信沟通特征十分一致，其和父母在发起微信沟通的主动性程度上均相当；在亲子微信沟通中，发生争吵、误解、冷战和敷衍的频率均较低；在信息载体上，亲子双方使用最多的载体都是文字。在微信沟通态度和体验方面，中学生和大学生在微信亲子沟通中体验到关心、高兴等积极情绪的频率均较高，体验到焦虑、寂寞等消极情绪的频率均较低；大学生对亲子微信沟通持有较为中性的态度，中学生对亲子微信沟通的态度则偏积极。此外，大学生和中学生均推测父母看到自己朋友圈之后以积极情绪反应为主。在亲子微信沟通与面对面沟通的关系上，无论是大学生群体还是中学生群体，面对面沟通质量高的亲子在微信上的沟通情况总是优于面对面沟通质量低的亲子，从而支持了"富者更富"假设。

鉴于自我报告的一大局限在于，容易受报告者的知觉、回忆偏差以及社会赞许性等因素的影响，研究二和研究三收集了一手的行为数据——206 名青少年与父母微信沟通的实际聊天记录——来考察真实的亲子微信沟通过程，这也是在线上亲子沟通研究方法上的首创，对于客观地了解亲子沟通的全貌具有重要意义。其中，研究二试图进一步对"我国父母与青少年子女在如何使用微信进行亲子沟通"加以考察。研究2a对亲子聊天记录进行了量化分析，考察了亲子微信沟通频次、各载体的使用频次、沟通的主动性等指标。结果发现，由于学校对中学生手机使用的限制，青少年与父母微信沟通的总体次数较少；在各种载体中，父亲、母亲和子女使用最多的载体均为文字和语音信息。另外，父母还表现出对通话的偏好，子女还表现出对表情符号的偏好；亲子双方在微信沟通中的主动性是一个重要的量化指标，其与沟通者自身发送各类信息的频次、沟通对象的主动性，以及沟通对象发送各类信息的频次均存在普遍的显著正向关联。

研究2b对亲子微信聊天记录进行了质性分析，结果发现，在沟通内容上，亲子微信沟通话题以日常生活和学习为主。在沟通目的上，亲子微信沟通呈现出高工具性和低表达性的特点。在沟通氛围上，亲子微信沟通呈现出权威性与平等性并存的特点。在沟通同步性上，亲子微信沟通以有交互同步的沟通为主，无交互同步的沟通较少。在沟通的情绪情感表达上，亲子微信沟通中出现的积极表达多于消极表达。

除此之外，研究一和研究二还揭示了年龄、家长和子女性别等因素对亲子微信沟通现状的影响，试图以此来回答"哪些因素影响着父母—青少年的亲子微信沟通"的问题。两项研究的结果发现，随着年龄的增长，青少年与父母成为微信好友的比例和对父母隐藏朋友圈内容的比例都在增加。此外，青少年年龄越小，其对亲子微信的沟通态度和情绪体验越积极。就子女和家长性别而言，女孩与父母的微信沟通情况要普遍优于男孩，母亲与青少年的微信沟通情况也要普遍优于父亲。

研究三采用了间隔时间为4个月的两个时间点的纵向追踪研究设计，试图通过对亲子微信聊天中的量化指标（研究3a）和质性编码频次

（研究 3b）与问卷测量的亲子关系质量进行交叉滞后分析，来考察亲子微信沟通和亲子关系质量之间谁影响谁的问题，从而对"亲子微信沟通的影响结果"的问题加以回答。结果发现，母子微信沟通行为的量化指标和质性编码均受到母子关系的影响，但均不能反过来促进母子关系；而父子的微信沟通行为的量化指标和质性编码则不受父子关系的影响，却能影响父子关系和家庭幸福感。

目 录

第一章 引言 ……………………………………………………… 1
  第一节 研究背景 …………………………………………… 1
  第二节 研究问题 …………………………………………… 4

第二章 中学生与父母的微信沟通现状调查 …………………… 10
  第一节 中学生与父母间亲子沟通的研究现状 …………… 10
  第二节 中学生与父母微信沟通的调查方法 ……………… 25
  第三节 中学生与父母微信沟通的调查结果分析 ………… 28
  第四节 中学生与父母微信沟通现状调查的发现与启示 … 48

第三章 大学生与父母的微信沟通现状调查 …………………… 52
  第一节 大学生与父母间亲子沟通的研究现状 …………… 52
  第二节 大学生与父母微信沟通的调查方法 ……………… 55
  第三节 大学生与父母微信沟通的调查结果分析 ………… 56
  第四节 大学生与父母微信沟通现状调查的发现与启示 … 73
  第五节 中学生与大学生亲子微信沟通现状对比 ………… 75

第四章　父母—青少年微信沟通行为的量化分析 …… 78
第一节　亲子沟通的主要研究方法及评价 …… 78
第二节　父母—青少年微信沟通行为数据的获取与量化 …… 85
第三节　父母—青少年微信沟通行为的量化分析 …… 89
第四节　父母—青少年微信沟通行为的量化分析的发现与启示 …… 96

第五章　父母—青少年微信沟通行为的质性分析 …… 103
第一节　亲子沟通的质性研究现状 …… 103
第二节　父母—青少年微信沟通行为数据的获取与质性编码 …… 107
第三节　父母—青少年微信沟通行为的质性分析 …… 109
第四节　父母—青少年微信沟通行为的质性分析的发现与启示 …… 132

第六章　父母—青少年微信沟通的量与亲子关系的交叉滞后研究 …… 137
第一节　线上亲子沟通与亲子关系的关联研究 …… 137
第二节　父母—青少年微信沟通的量与亲子关系的交叉滞后研究方法 …… 140
第三节　父母—青少年微信沟通的量与亲子关系的关联分析 …… 142
第四节　父母—青少年微信沟通的量与亲子关系的交叉滞后的发现与启示 …… 151

第七章　父母—青少年微信沟通的质与亲子关系的交叉滞后研究 …… 154
第一节　父母—青少年微信沟通的质与亲子关系的交叉滞后研究方法 …… 154

第二节　父母—青少年微信沟通的质与亲子关系的关联分析 …… 156
第三节　父母—青少年微信沟通的质与亲子关系的交叉滞后的
　　　　发现与启示 …………………………………………… 161

第八章　总体研究结论与理论和实践价值 ……………………… 165
第一节　研究结果总结 …………………………………… 165
第二节　研究的理论和实践价值 ………………………… 169

附　录 ……………………………………………………………… 173

参考文献 …………………………………………………………… 183

后　记 ……………………………………………………………… 211

第一章 引言

第一节 研究背景

亲子沟通作为亲子关系的核心内容，对青少年的心理发展具有深远影响，良好的亲子沟通是青少年健康成长的重要保护因素（Steinberg，2001）。现有的父母—青少年亲子沟通研究对于帮助我们理解传统的面对面（Face – to – Face，以下简称 FtF）亲子沟通提供了大量有价值的成果。然而，随着信息与通信技术（Information and Communication Technology，以下简称 ICT）的飞速发展，电话、短信、电子邮件、即时通信（MSN、QQ、飞书、微信等在线聊天工具）以及社交网络（Facebook、Twitter、微博等线上社交平台）的出现为我们提供了 FtF 之外的多种沟通渠道。现在，以 ICT 作为媒介的沟通已经渗透到人们生活的方方面面，包括父母—青少年间的亲子沟通。

如今的青少年是地道的"数字原住民"（Digital Natives），他们生长于一个 ICT 高度发展的世界，各种数字技术是他们从小到大的日常生活中不可或缺的一部分（O'Neal Coleman, et al., 2015）。数据表明，青少年是 ICT 最活跃的使用人群之一，他们平均每天花在 ICT 上的时间比成年人平均每天的上班时间还要多（Rideout, et al., 2010）。青少年的父母同样是 ICT 的热衷用户，他们比普通成年人更多地使用网络、手机等工具（Dworkin, et al., 2013; Rudi, et al., 2015a）。国内的数据描述了类似的情况，青少年及其父母一代已经成为我国互联网用户的主力军：截至2022年6月，19岁以下、30—49岁网民在网民总体中分别占17.7%和39.4%（中国互联网络信息中心，2022）。在这样的背景下，ICT成为父母—青少年亲子沟通的重要工具：青少年认为ICT有助于与父母的联系（Richards, et al., 2010; Hefner, et al., 2019），所有青少年都会使用ICT与父母沟通（Ramsey, et al., 2013）。近年来，ICT中的新成员——社交媒介（Social Media）在亲子沟通中的作用越来越凸显。在国外，以Facebook为代表的社交网络成了亲子沟通的新阵地，80%的使用社交网络的父母与青少年子女是"好友"关系（Madden, et al., 2012），并且这种基于社交网络的亲子沟通还在持续增加（Ramsey, et al., 2013）。在国内，以社交网站和即时通信为代表的新型互联网应用工具也逐渐成为亲子沟通的重要手段和平台（沈赟，2014；柴唤友，2017）。在这样的背景下，集即时通信、社交平台为一体的微信逐渐成为亲子沟通媒介的首选。微信是国内使用率最高的应用，也是青少年最常使用的应用，青少年群体对微信的使用率高达84.6%（中国互联网络信息中心，2018）。对两万多名3—14岁儿童家长的调查发现，近五成家长与子女是微信好友（广州市少年宫，2016）。"微信上要不要屏蔽父母"还一度成为网络上最热门的讨论话题。

新的媒介的出现为父母—青少年亲子沟通带来了一系列变化。时空限制被打破，沟通几乎可以在任何时间、任何地点进行，沟通变得更加便利的同时也可能更加浅表化和碎片化（侯耀婕，2021；庄佳昕，2015）。青少年对新媒介的掌握常常优于父母，这使得亲子沟通中常常出现子女教父母的"文化反哺"现象，从而使得父母的权威可能受到挑战（方楠，2022；侯耀婕，2021；郭晓，2010）。网络语言、表情符号等新媒介特有的沟通元素在提供多样化的表达方式和平等轻松的沟通氛围的同时，也可能阻碍交流，甚至进一步扩大代沟（陈雨婷等，2020）。那么，目前我国父母与青少年子女的 ICT 亲子沟通现状如何？这样的沟通给亲子关系带来了什么样的影响？这些问题在社会上引起了大量关注，但目前学术界对其的探讨还比较粗浅，实证研究证据十分有限。迄今为止，国外虽然有一定的实证研究积累，包括考察基于不同媒介的亲子沟通在影响结果上的差异（Guo et al., 2019；Ramsey, et al., 2015），手机使用对亲子沟通的影响（Santana–Vega, et al., 2019），线上亲子沟通对线下亲子沟通的质量的影响（Jensen, et al., 2021），以及子女是否在社交媒体上加父母好友的决定因素（Ball, et al., 2013；Child and Westermann, 2013；Mullen and Hamilton, 2016），等等，但这些国外研究大多聚焦于短信、电话、电子邮件、Facebook 等媒介，而这些媒介在我国亲子线上沟通中的使用频率较低，因而这些研究结果对我国当前亲子沟通实践的指导价值较为有限。就国内的研究情况而言，目前国内的实证研究主要围绕在以微信为代表的沟通媒介对大学生群体与其父母间的亲子关系的影响而展开，比如大学生家庭代际微信使用中的数字反哺对亲子关系的影响（方楠，2022；安利利、王兆鑫，2020；苏悦，2020），大学生微信使用中的自我表露对亲子关系维系的影响（汤雯，2019），虚拟的微信沟通场景对大学生与父母的亲子亲密的影响（罗珍珍，2019），微信使用动机、使用功能和使用强度对大学生与父母的亲子亲密的影响（金子莘，2018），等等。然而，这些研究一方面只笼统地考察了微信使用对亲子关系的影响，对于理解亲子间在如何使用微信加以沟通这一基本问题能提供的信息非常有限；另一方面集中于大学生群体，缺乏对低年龄段的青少年——中学生群体的关注。鉴于此，本书试图系统地考察新媒体时代背景下我国的父母—青少年间的亲子微信沟通行为。

第二节 研究问题

一 研究问题一：我国父母与青少年子女如何使用微信沟通

了解父母—青少年的微信好友状态是回答这一问题的前提。虽然有调查显示，近五成家长与子女是微信好友（广州市少年宫，2016），但是对好友状态更细致的考察对于理解双方的关系更有意义。比如，在互为好友的亲子中，谁是加好友的发起者？加好友后，双方是否会对微信中的信息表露加以调整（比如删减朋友圈内容，设置对方朋友圈权限等）？对于那些不是好友的亲子，是因为不是微信用户，双方均未发起加好友，还是某一方的请求遭到了对方的拒绝？因此，本书试图在完成上述对好友状态的细分之后，再聚焦于互为好友的亲子群体，深入了解其微信沟通行为。过往的父母—青少年FtF亲子沟通研究通常从沟通主动性、沟通问题等方面对亲子沟通的特点进行描述（房超、方晓义，2003），以上框架同样适用于对亲子微信沟通的考察。除了上述特点之外，亲子微信沟通模式还包含信息载体的不同。研究表明，电话、短信、社交网络等不同媒介的沟通结果不尽相同（Guo, et al., 2019; Gentzler, et al., 2011; Wang, et al., 2015）。微信作为一个集多项功能为一体的综合通信平台，支持用户采用文字、录音、表情符号、图片、语音通话、视频通话、朋友圈状态等不同载体来传达信息，其中，语音、文字、朋友圈状态分别相当于电话、短信和社交网络的功能。因此，微信中对信息载体的使用的不同可能导致不同的沟通结果。再者，在亲子沟通的态度和体验方面，研究发现青少年对FtF亲子沟通的满意度总体较低，认为与父母的沟通缺乏开放性且存在很多问题（刘婧娴，2022；温馨，2014）。与之相对的是，他们对ICT亲子沟通的情感体验较为积极，认为线上沟通削弱了父母的权威性，使自己能够更好地表达自我，促进父母对自己的理解（罗珍珍，2019；汤雯，2019）。

亲子微信沟通与FtF沟通的关系如何？也就是说，什么样的亲子会更主动、更积极地使用微信沟通？是那些FtF沟通好的亲子会将微信沟通用作线下沟通的自然延续，还是那些FtF沟通不好的亲子会将微信沟通用作线下沟通的有效补偿？Kraut等（2002）曾经提出两种对立的模型来说明内外向性格与社会支持和互联网使用之间的关系——富者更富理论（Rich-Get-Richer Theory）和社会补偿理论（Social Compensation Theory）。"富者更富"模型认为那些社交能力强、拥有高社会支持的人会使用互联网来加强自己与他人的接触和沟通，发展亲密关系，从而获得更多的社会利益。与之相对的，"社会补偿"模型则认为互联网对那些社交能力弱、难以建立或维护关系的人更有利，因为互联网的匿名性和社交线索的减少允许他们以自己的节奏与他人交流，还不用过多担心被嘲笑或拒绝，因此线上互动是弥补线下关系困难的重要机会（也即"穷者变富"模型）。因而，对亲子微信沟通与亲子FtF沟通之间关系的考察可以在亲子沟通这一情境下检验上述两种对立的假设。

二 研究问题二：哪些因素影响着父母与青少年间的亲子微信沟通

已有研究探讨了影响父母—青少年ICT亲子沟通的因素包含以下几方面。第一，子女年龄。随着子女逐渐长大，亲子FtF沟通在频率、内容、语气氛围等方面都会发生转变（黄淼，2022；鲁晨叶，2021；Steinberg and Silk，2002）。亲子ICT沟通同样受到子女年龄的影响，Rudi等（2015b）的研究表明，随着子女年龄的增长，以短信、电子邮件和社交网络中介的亲子沟通频率都呈现出增加的趋势。第二，家长性别。首先，家长性别会影响亲子ICT沟通的频率。青少年和母亲ICT沟通的频率高于其和父亲 ICT 沟通的频率：青少年平均一周与母亲通话 3—5 次，短信沟通 1—2 次；与父亲平均一周通话 1—2 次，短信沟通几周一次（Rudi, et al., 2015b）。其次，家长性别还影响着亲子 ICT 沟通的内容。Burke 等（2021）发现，在 Facebook 上的亲子沟通中，母亲会更多地对子女表达情感，提醒子女给家里打电话等；父亲则更多地会和子女谈论共同的兴趣，比如运动、政治、音乐等。最后，已有研究发现青少年认为与母亲的沟通伴随的积极情感明显多于与父亲的沟通（刘雅馨，2021；Shek, 2000）。第三，子女性别。虽然目前还未有实证研究考察子女性别对亲子 ICT 沟通的影响，但在亲子 FtF 沟通中，子女性别被认为是重要的影响因素（李维双，2021；房超、方晓义，2003）。比起儿子，女儿与父母沟通频率更高，更为主动（李昊等，2022；樊佩佳，2021），更愿意表露，同时父母也会对女儿有更多的情感表达（Fitz-patrick, et al., 1996）。并且，性别对青少年的亲子沟通体验也有影响，男生比女生在亲子沟通中能体验到更多的轻松感（李瑾、徐燕，2016）。那么，子女性别是否也会对亲子微信沟通产生类似的影响？又或者，家长性别与子女性别之间是否存在一定的交互作用？比如，线上亲子沟通中的子女性别差异是否在与母亲的沟通中和与父亲的沟通中有所不同？又或者，母亲和父亲在线上亲子沟通中的差异是否在面向儿子的沟通和面向女儿的沟通中有所不同？

三　研究问题三：父母与青少年间的亲子微信沟通会带来什么结果

ICT 的使用究竟对沟通有利还是有害？这是一个无论在学术界还是社会大众中都备受争论的重要议题。具体到父母—青少年间的亲子沟通情境下，以往研究也累积了正反两方面的证据。一方面，Gentzler 等（2011）发现，大学生和父母的 ICT 沟通频率与亲子关系质量呈正相关。

Williams 和 Merten（2011）的大样本调查也表明，亲子双方都认为沟通中 ICT 的使用促进了家庭联结。另一方面，也有研究者指出 ICT 沟通存在的各种问题。比如，缺乏非言语线索（Rosenblatt and Li，2010），使个体形成对快速及时回复的预期，当沟通另一方没有实现这一预期时则会觉得被忽略（Stafford and Hillyer，2012）。另外一些研究考察了特定媒介的沟通结果。第一，电话。多项研究均证实了亲子电话沟通的积极影响，亲子通话频率与亲子关系满意度、亲子亲密、亲子支持、亲子帮助，以及知觉到的家庭幸福感呈正相关（王敏，2021；Wang，et al.，2015；Ramsey，et al.，2013；Gentzler，et al.，2011）。第二，电子邮件。Chesley 与 Fox（2012）对家庭沟通（包含亲子沟通）的研究发现，女性认为与家庭成员的电子邮件沟通促进了成员间的亲密感和相互了解，增强了家庭关系。第三，社交网络。关于社交网络对沟通的影响，不同的研究报告了不一致的结果。尽管 Kanter 等（2012）的研究表明，Facebook 上的亲子沟通与更高的亲子关系满意度和更低的亲子冲突相关联，更多的研究则报告了亲子间的社交网络沟通频率与子女的孤独感、焦虑依恋以及亲子冲突存在正相关（Marino，et al.，2019；Ramsey，et al.，2013；Gentzler，et al.，2011）。国内对大学生群体的考察也支持了大学生与父母的微信沟通与亲子关系之间的正向关联（金子莘，2018；罗珍珍，2019；汤雯，2019）。

然而，上述研究除了结果不尽一致外，还存在另一重要局限，即并未厘清 ICT 亲子沟通与亲子关系之间的因果关系问题——到底是频繁的亲子 ICT 沟通导致了好的亲子关系，还是好的亲子关系使亲子 ICT 沟通更频繁？受制于横断研究设计的局限性，现有研究无法对这一重要问题进行回答。

综上所述，为了系统地回答上述三大研究问题，为我国青少年与父母间的亲子微信沟通实践提供切实的科学参考依据，本书采用了问卷调查与实际行为数据并用，质性与量化分析互补，横断研究与纵向追踪相结合的方式，通过下述三大研究，六项子研究来考察父母—青少年间的亲子微信沟通状态，年龄、性别因素对亲子微信沟通的影响，以及亲子微信沟通与亲子关系间的相互影响关系。每项研究的主要内容及其与研究问题的对应关系见表1-1。

表1-1 研究内容概览

	研究一：父母—青少年微信沟通问卷调查		研究二：父母—青少年微信沟通行为研究		研究三：父母—青少年微信沟通行为与亲子关系的交叉滞后研究	
问题	1a：中学生与父母的微信沟通现状调查	1b：大学生与父母的微信沟通现状调查	2a：父母—青少年微信沟通行为的量化分析	2b：父母—青少年微信沟通行为的质性分析	3a：亲子微信沟通的量与亲子关系的交叉滞后研究	3b：亲子微信沟通的质与亲子关系的交叉滞后研究
问题一：亲子在微信上如何沟通	手机、微信使用情况 亲子微信好友状态 亲子微信沟通特征（主动性、沟通问题、使用载体） 沟通态度和体验 与FtF沟通的关系	手机、微信使用情况 亲子微信好友状态 亲子微信沟通特征（主动性、沟通问题、使用载体） 沟通态度和体验 与FtF沟通的关系	微信沟通频次 不同载体的使用频次 沟通主动性	沟通内容 沟通目的 沟通氛围 沟通同步性 积极消极表达	—	—
问题二：亲子微信沟通的前因	子女年龄、性别，家长性别对上述沟通现状的影响	子女和家长性别对上述沟通现状的影响	子女和家长性别对上述沟通行为的影响	子女和家长性别对上述沟通行为的影响	—	—
问题三：亲子微信沟通的结果	—	—	—	—	微信沟通频率、载体使用频率、沟通主动性与亲子关系质量的相互影响	微信沟通内容、目的、同步性、积极消极表达与亲子关系质量的相互影响

其中，研究一采用了基于青少年参与者自我报告的调查方法——当前线上亲子沟通研究使用最广泛的一种方法（Tadpatrikar, et al., 2021; Carvalho, et al., 2015），在考察青少年的手机、微信使用情况的基础上，通过调查亲子微信好友状态，亲子微信沟通的特征、态度和体验，以及亲子微信沟通与亲子 FtF 沟通的关系，来系统地回答"亲子在微信上如何沟通"的问题，并探讨年龄、性别等因素对上述沟通现状的影响。研究一由 1a 和 1b 两项子研究组成，将分别对中学生和大学生的亲子微信沟通情况加以考察。

单一的自我报告法会给研究结果带来较大的局限，因为自我报告一方面会受到报告人自身的内省能力、感知和情绪等多种因素的影响，另一方面无法排除社会赞许性带来的重要偏差（Paulhus and Vazire, 2007）。而一手的行为数据——亲子微信沟通的实际聊天记录——则可以避免自我报告法的上述局限，使得真实的、具体的、全面的亲子微信沟通过程得以展现出来。因此，研究二和研究三收集了青少年和父母的微信聊天记录，旨在对一手的、实际的沟通行为数据加以考察。这也是在线上亲子沟通研究方法上的首创，对于客观地了解亲子沟通的全貌具有重要的意义。其中，研究 2a 对亲子聊天记录进行了量化分析，考察了亲子微信沟通频次、各载体的使用频次、沟通的主动性等指标及其受子女和家长性别的影响。研究 2b 则对聊天记录进行了质性分析，深度探讨了亲子微信沟通的内容、目的、氛围、沟通同步性和积极消极表达的情况，以及子女和家长性别对其的影响。

研究三采用了间隔时间为 4 个月的两个时间点的纵向追踪研究设计，试图通过对亲子微信聊天中的量化指标和质性编码与问卷测量的亲子关系质量进行交叉滞后分析，来考察亲子微信沟通和亲子关系质量之间谁影响谁的问题，从而对"亲子微信沟通的结果"的问题加以回答。其中，研究 3a 对亲子聊天中的沟通频次、各载体的使用频次、沟通的主动性等量化指标与亲子关系质量进行了交叉滞后分析；研究 3b 则对亲子聊天中的沟通内容、沟通目的、沟通同步性和积极消极表达等质性编码频次与亲子关系质量进行了交叉滞后分析。

第二章 中学生与父母的微信沟通现状调查

第一节 中学生与父母间亲子沟通的研究现状

一 中学生与父母间的线下亲子沟通

(一) 中学生与父母间的亲子沟通的重要意义

亲子沟通指的是在家庭中,父母与子女通过资料、信息、观点、意见、情感和态度的交换或者交流,取得相互了解、信任与合作的过程(房超、方晓义,2003)。亲子沟通作为亲子互动的核心,在家庭教育中起着举足轻重的作用,是决定家庭功能、亲子关系、儿童青少年心理发展等多方面关键结果的重要基石。迄今为止,心理学界对亲子沟通的研究探索已经持续了近五十年,大量研究证据反复支持了亲子沟通在家庭系统中的核心地位和重要作用。

对家庭而言,不同学者构建的理论模型从不同的角度强调了亲子沟通在家庭系统中扮演的重要角色。Fizpatrick 和 Ritchie(1994)的家庭沟通图式理论(Family Communication Schemata)指出,家庭成员关于家庭关系和成员间沟通的内在工作模型即为家庭沟通图式,且家庭系统中不同关系下的沟通图式相互独立——亲子沟通即独立于夫妻沟通之外的家庭沟通图式的重要方面。Epstein 等（1993）的 McMaster 家庭功能模型（McMaster Model of Family Functioning）更是把沟通列为家庭六大功能（问题解决、沟通、角色分工、情感反应、情感介入和行为控制）之一，不仅如此，该模型还强调沟通维度发挥着维护其他五大功能维度的重要作用。Barnes 和 Olson（1985）的曲线理论模型认为，亲密性和适应性是家庭功能的两个基本维度，前者反映了家庭成员间的情感联系水平，后者反映了家庭应对外部事件的有效性程度；而家庭功能的第三个维度即沟通，沟通发挥着推动亲密性和适应性的重要作用。

　　亲子关系指的是家庭中父母与子女通过互动所形成的相互关系。亲子沟通与亲子关系间的联系极为紧密，两者间交互影响，密不可分。一方面，亲子沟通塑造了并将持续塑造亲子关系（Olson, et al., 1983）；另一方面，亲子关系也影响着亲子沟通在质和量上的各种特点（Kaat and Vermeiren, 2005）。因此，亲子沟通质量一直被视作衡量亲子关系质量的核心指标（Noller and Bagi, 1985；García-Moya, et al., 2013），有研究者甚至直接用"亲子沟通"来指代"亲子关系"（王佳宁等，2009）。

　　在亲子沟通的众多结果变量中，研究最多的即子女的心理发展。发展过程的生态理论（Bronfenbrenner and Morris, 1998）指出，个体的发展同时受到多个相互作用的系统的影响，而亲子沟通作为微观系统的一个重要组成部分，在子女发展中扮演着重要角色。首先，大量研究支持了亲子沟通与子女的心理健康之间的密切联系。良好的亲子沟通与子女的自尊、主观幸福感、生活满意度、情绪应对、社会适应等心理健康的积极指标呈正向关联（Shek, 2000；谢琴红等，2014；叶青青等，2014；方晓义等，2006），而亲子沟通问题则与孤独、抑郁、问题行为等心理健康的消极指标呈正向关联（Sun, et al., 2015；Davalos, et al., 2015；王争艳等，2002）。不仅如此，纵向研究还进一步揭示了亲子线上沟通与子女心理健康之间的准因果关系。Jensen 等（2021）通过经验取样法考察了青少年与父母间的线上沟通与其心理健康之间的关系，结果发现，整个实验中经历心理健康症状最多的青少年通过线上沟通寻求父母的帮助的次数最多，而且第二天则倾向于汇报更少的心理健康症状。此外，Small 等（2011；2013）通过日记法进行的追踪研究发现，青少年通过手机与父母的沟通的次数越多，青少年后续则更有可能从事积极健康的行为，更不可能出现酗酒行为。其次，大量研究还证实了亲子沟通对子女学业表现的影响。不良的亲子沟通不利于子女良好学习习惯和学习能力的养成（雷雳等，2002），进而有损子女的学习表现（辛自强等，1999）。还有研究指出，缺乏亲子沟通是造成留守儿童学业落后的重要原因（Su, et al., 2013）。最后，良好的亲子沟通还有利于子女同伴关系的发展。研究发现，良好的亲子沟通能促进子女习得积极的、建设性的沟通模式（雷雳等，2002）。因此，子女更可能在自己与其他人的沟通过程中沿用这种良好的沟通模式，从而发展出良好的同伴关系（胡悦，2007）。

对于处在青少年这一特殊发展阶段的中、大学生个体及其家庭而言，亲子沟通更是具有其独特的重要意义。青少年时期，自我意识的迅速增长和同伴关系的日益突出使得亲子沟通变得至关重要。Erikson（1968）的认知发展理论强调了青少年时期作为个体建立身份认同的关键时期，而良好的亲子沟通对于这一身份认同的发展起着关键作用（王树青等，2006；Branje, et al., 2021；McLean and Jennings, 2012；Jackson, et al., 1998）。研究表明，积极的亲子沟通有助于青少年认识家庭成员的思想和情感（Grotevant and Cooper, 1986），父母通过积极的对话传递社会价值观、道德规范，以及对家庭和社会的理解，从而引导青少年形成积极的世界观和行为准则，促进同一性的发展。此外，积极的亲子沟通与青少年良好的同伴关系、较高的自尊水平，以及优秀的学业表现相关联（王争艳等，2002；张艳，2013；雷雳等，2002）。然而，不良或缺乏亲子沟通可能导致青少年内外在的问题逐渐累积。研究发现，沟通困难或不良的亲子关系与青少年的情绪困扰、心理健康问题和不适应行为密切相关（Brage, et al., 1993；王争艳等，2002；Booth - Butterfield, et al., 1998）。因此，中学阶段的亲子沟通不仅对青少年个体的发展至关重要，也对整个家庭系统的稳定与和谐产生深远影响。

(二) 中学生与父母间的线下亲子沟通现状

传统的关于父母与青少年间沟通特点的研究主要包括沟通内容、沟通频率、沟通主动性以及沟通中存在的问题四个方面的内容。首先，亲子沟通内容指的是亲子双方在交流中涉及的话题范围。然而，由于不同国家和文化背景的差异，以及研究者对沟通话题内容的定义标准不同，不同研究报告的亲子沟通内容可能存在一定的差异（房超、方晓义，2003）。国内外对亲子沟通内容的研究主要聚焦于与青少年日常生活密切相关的一般性话题，如学习、花钱、外表、课外活动等（Youniss and Smollar, 1985；池丽萍，2011）。国内关于亲子沟通的研究发现，亲子间交谈最多的话题是与孩子学业相关的话题（雷雳等，2001；陈文凤，2007；范艳，2006；温馨，2014；李昊等，2022）。然而，对涉及性、饮酒、吸毒等各种敏感话题的沟通的考察则主要见于国外研究（Agbeve, et al., 2022；Ohannessian, 2013）。鉴于青少年对不同的沟通话题的重要性、敏感度和社会接受度与赞许性不同，因此，在这些话题上，他们与父母展开沟通的频率也存在较大差异。一般来说，亲子间关于日常话题的沟通要多于对各种敏感话题的沟通（Noller, et al., 1990；Kusheta, et al., 2019；范艳，2006）。

其次，在亲子沟通的频率上，以往研究普遍支持了比起儿童期而言，青春期子女与其父母间的亲子沟通的频率会有所下降。多项实证研究证据支持了青少年与父母之间的沟通频率和数量较低或者随时间推移逐步降低（雷雳等，2001；Barnes and Olson，1985；Keijsers，et al.，2009；Finkenauer，et al.，2002；Padilla，et al.，2018）。这是由于青春期作为一个重要的社会重新定位阶段，青少年在这一阶段经历了重要的角色转换。在这一时期，一方面，青少年的独立性、自主性得到空前发展，对父母的依赖性逐渐降低（Nelson，et al.，2016；Nelson，et al.，2005）。另一方面，由于青春期对同伴的依赖性逐渐增强（Levitt，et al.，1993），学业负担也逐渐加重，同伴互动和学业也会在一定程度上挤压青少年投注在亲子沟通上的时间和精力。

再次，亲子沟通的主动性研究重点关注亲子沟通过程由哪一方发起的问题。雷雳等人（2002）通过对初中生及其父母的问卷调查发现，样本中有一半的学生与家长处于双方都主动的沟通状态，该研究还报告了母亲在和孩子沟通的主动性程度上高于父亲的结果；不仅如此，子女主动发起与父亲的沟通的比例也较低，只有24.4%的初中生会主动寻求与父亲的沟通。有研究还进一步探究了父亲和母亲在亲子沟通主动性的差异背后的深层原因。比如，Grotevant 和 Cooper（1985）认为，母亲在亲子沟通中更加主动，是因为母亲更善于理解孩子的立场和诉求，更能够倾听子女的表达。此外，刘宁等（2005）也指出，大多数父母往往只在子女表现出特定需求时才会发起亲子沟通，而有意识地、完全主动地安排时间去了解子女近期的情况或情感的情况则相对较少。

最后，在亲子沟通的问题上，以往研究从不同的角度考察了亲子间存在的各种沟通问题，并试图从沟通问题这一负向角度探讨青少年与其父母间的亲子沟通质量。早在 Barnes 和 Olson（1985）编制的青少年亲子沟通量表中，就已经把亲子沟通问题（如"我有时候害怕向父母询问想问的事情"）作为和沟通开放性（如"我会公开地表达我对父母的感情"）相并列的另一大维度，提出要同时从这两方面来对亲子沟通质量加以评估。Vangelisti（1992）更是认为亲子沟通中存在的问题就是反映沟通质量的最好指标。在亲子沟通问题的具体表现上，Vangelisti（1992）通过开放式问卷对青少年进行的调查发现，青少年认为自己在青春期中期与父母间的沟通问题最主要体现于父母在沟通中实施了过多的行为约束。到青春期晚期，沟通问题则最主要体现在父母对自己的批评上。方晓义等（2006）在此基础上，结合对青少年及其父母的开放式问卷调查，进一步完善了亲子沟通问题调查问卷，在问卷中增加了缺乏耐心、命令、缺乏信任和间接沟通等沟通问题的其他表现。除此之外，杨晓莉和邹弘（2008）编制的青少年亲子沟通问卷则试图从开放表达与交流、倾听与反应、盘问与质疑、分歧与冲突解决以及理解性五大方面了解青少年及其父母知觉到的亲子沟通中的问题，结果发现，比起初中生，高中生与父母的亲子沟通中存在的问题相对更少。郑满利（2004）采用自编的初中生沟通问题量表，调查了河南省初中生的亲子沟通问题。该量表从行为约束、沟通方式与技巧、情感支持、沟通态度以及缺乏沟通五个维度对亲子沟通问题进行了评估。结果发现，总体而言，初中生的亲子沟通问题各项指标的得分均低于平均值，亲子沟通情况相对较为良好。不仅如此，该研究还揭示了亲子沟通问题与支持型父母教养风格间呈显著负相关，与控制型父母教养风格呈显著正相关，与初中生的学习成绩之间也呈显著负相关。雷雳等（2001）的研究还涉及了对亲子沟通出现问题的深层原因的考察，该研究重点关注了亲子间零沟通这一问题。结果发现，造成青少年与父母间零沟通的原因主要包括快速的生活节奏造成的沟通机会的缺乏，亲子两代间观念的差异造成的难以互相理解，以及缺乏可以共同谈论的话题三个方面。

（三）中学生与父母间的线下亲子沟通的影响因素

青少年与父母间的亲子沟通现状同时受到包括子女的年龄、子女性别以及家长性别等多方面因素的影响。首先，子女年龄是亲子沟通行为的重要影响因素。处于不同的细分年龄阶段的青少年具有自己阶段独特的心理特点和发展任务，这会对他们与父母的沟通行为产生直接的影响，表现出在亲子沟通的开放性、亲子沟通的主动性、对亲子沟通的兴趣程度、亲子沟通的时间、频率和内容等特点上的差异（李瑾、徐燕，2016；杨晓莉等，2008；雷雳等，2001；Padilla-Walker, et al., 2018）。研究发现，青春期早期的青少年（13岁）在沟通的开放性上得分高于青春期中期的青少年（14—16岁）（Jackson, 1998）。长期的纵向研究也揭示了类似的趋势——大多数青少年（82%）在早期的亲子沟通中表现出较高的自我表露程度（Padilla-Walker, et al., 2018）。随着青少年逐步进入晚期（平均年龄为19.78岁），他们与父母的问题性沟通频率降低（Vangelisti, 1992）。这种变化可能与年龄增长带来的自主性的增强、认知水平的提高以及家长对青少年角色的认知变化有关。因此，随着青少年早期到晚期的时间推进，青少年和家长双方都学会了更为成熟、更具适应性的沟通方式，从而使得问题性沟通减少。

其次，不同性别的青少年在亲子沟通行为上也存在着明显的差异。研究指出，女生与父母的沟通频率和次数通常高于男生（Finkenauer, et al., 2002；Soenens, et al., 2006；Vijayakumar, et al., 2020）；而就沟通的具体内容而言，在涉及例如性和人际关系等敏感性的、高度个人化的沟通议题时，男生往往会比女生更多地表现出避免与母亲沟通的行为（Muhwezi, et al., 2015）。此外，研究还报告了女生在表达情绪和情感方面比起男生更具优势——她们在与父母沟通时更愿意涉猎更加广泛的话题（比如性别角色、人际关系、性等）（王丽娟等，2009；Noller, et al., 1990）。不过，在对亲子沟通的满意程度上，男孩却报告了比女孩更高的满意水平（王丽娟等，2009）。除了对子女方的亲子沟通行为产生影响之外，子女性别也会影响父母方的沟通行为。比如，父母在与女儿的互动中比与儿子的互动中展现出更多的合作行为（Siegel，2007）；在参观科技场馆时，父母向男孩提供的解释是向女孩提供的三倍（Crowley，et al.，2001）等。对于整体的亲子沟通质量而言，徐杰等人（2016）的研究发现，女生的亲子沟通质量显著高于男生的亲子沟通质量。子女性别在亲子沟通中的这些差异可能与社会文化因素、不同性别青少年的心理特征等多方面原因有关。

最后，家长性别也在亲子沟通中扮演着重要的角色。大量研究都报告了较为一致的结论：比起父亲而言，母亲在与青少年的沟通上表现得更积极，沟通的开放性也更强。研究显示，青少年与母亲的沟通质量更高——他们更愿意与母亲进行开放而频繁的交流，与母亲的关系也更为融洽；相比之下，他们可能认为父亲更严厉、更难以接近（徐杰等，2016；Muhwezi，et al.，2015；Shek，2000）。因为比起父亲，母亲对孩子表现出更多的关心、呵护和慈爱（Shek，2000）。然而，也有研究报告了母子间比父子间存在着更多的亲子沟通冲突，并指出这是由于母子沟通更加频繁造成的，更多的交流必然导致更多的摩擦（Hartos and Power，1997）。此外，研究还发现了父子与母子沟通在内容上存在的差异（Eisenberg，et al.，2006；Updegraff，et al.，2001；Wyckoff，et al.，2008）：青少年更倾向于与母亲讨论日常生活和人际交往（Wyckoff，et al.，2008），而更倾向于与父亲讨论工作意向、学业规划和时事政治等议题（O'Malley，et al.，2007；Winkelman，2006）。而在沟通目的上，青少年时期，母子和父子之间的沟通目的或沟通功能的差异逐渐加大，母亲与青少年的沟通更多的是以促进情感和关系发展为目的；而父亲与青少年的沟通则主要围绕解决问题展开（池丽萍，2011）。这可能源自父母在家庭中的不同角色分工，母亲更倾向于担当情感支柱的角色，而父亲则更具权威性和决断性，因而导致了青少年与父母沟通在目的上的上述差异。

二　中学生与父母间的线上亲子沟通

(一) 中学生与父母间的线上亲子沟通的重要意义

新媒体时代，随着现代通信技术的进步，社交网站、电子邮件、短信以及即时通信软件（如 WhatsApp、微信、LINE、Kakao Talk 等）等新型通信技术不断扩大了人们的沟通范围。如今的青少年作为地道的"数字原住民"是多媒体技术的热衷用户，也是数字化程度最高的社会成员之一 (Lenhart, et al., 2012)。社交媒体平台如 Facebook、Instagram 等为青少年提供了分享生活、交流看法和情感的空间。不仅如此，青少年的父母也成为活跃的技术用户，相较普通成年人，青少年的父母更可能成为互联网用户。据调查，普通成年人中活跃的社交媒体用户占比为 78%，青少年父母中这一比例为 87% (Lenhart, et al., 2011)。国内的数据也揭示了类似的趋势，青少年及其父母一代已经成为我国互联网用户的主力军：截至 2022 年 6 月，19 岁以下、30—49 岁网民在网民总体中分别占 17.7% 和 39.4%（中国互联网络信息中心，2022）。在这样的背景下，ICT 成了父母与青少年子女的亲子沟通的重要工具和全新的平台（沈赟，2014）。

相对于传统的以 FtF 交流为主的亲子沟通形式，线上亲子沟通具有诸多优势。首先，线上沟通打破了 FtF 沟通固有的时空限制。FtF 沟通只能发生在双方处于同一物理空间这一前提下，空间因素大大限制了亲子沟通的发生，线上沟通则克服了空间的障碍，为远距离的人际交流提供了极大的便利 (Dekker and Engbersen, 2014)。在打破空间限制的同时，线上沟通也打破了 FtF 沟通对及时性的要求，使得沟通得以在任何时间得以进行。在 FtF 沟通中，父母与子女无法每时每刻地保持联系，沟通需要双方约定好特定时间才能进行；而在线上沟通中，沟通可以在任何时候发生，沟通者可以在任何空余时间回复对方的留言。线上沟通对延时性的支持也给了沟通者充分的时间来更加从容的构思、编辑自己的沟通内容和沟通方式。其次，线上沟通可以采用各种不同的沟通渠道作为载体。亲子双方可以通过移动即时通信软件（WeChat、WhatsApp、LINE 等）发送文字、语音、表情符号、图片、视频信息，还可以进行及时的语音、视频通话，除此之外，这些软件还支持包含更多对象的群组聊天，进而极大地拓宽了线上亲子沟通的渠道和形式，摆脱了以往短信、邮件或电话沟通中存在的载体单一、形式枯燥的局限（Yu, et al., 2017），从而赋予了沟通者有更大的针对沟通内容选择最适合的沟通载体的空间，有利于沟通效率的提升。此外，线上沟通有利于亲子间安全、轻松和平等的沟通氛围的塑造。比起线下沟通，线上沟通相对更加私密，从而减少了旁观者的潜在影响，更容易为亲子双方营造一个安全舒适的沟通平台。不仅如此，线上沟通更能构建平等轻松的氛围，父母更可能以朋友的身份与孩子进行沟通（Madden, et al., 2012）。因此，在这些优势的作用下，线上沟通目前已经成为 FtF 之外的另一重要的亲子沟通场景，在影响家庭和谐、子女身心发展、亲子关系等方面发挥着重要作用。

家庭系统理论为理解线上亲子沟通对家庭的影响结果提供了一个重要的综合性框架，有助于我们理解家庭成员间的线上互动对于家庭关系的潜在的、积极的影响作用。该理论认为，媒体可以成为家庭生活中不可或缺的一部分，父母和子女可以在线上媒介中一起互动，形成家庭传统，进行充分的、多样化的交流，并最终实现家庭纽带的增强和家庭关系的促进（Broderick, 1993; Coyne, et al., 2014）。Williams 和 Merten（2011）指出，移动设备为家庭成员之间提供了更多的接触机会，并对亲密关系起到了积极的促进作用。Hodge 等（2012）研究也发现，在青少年家庭中，家庭成员间使用媒体联系和家庭功能之间存在显著的正向关系。

新媒体时代下亲子线上沟通对子女的身心健康——尤其是青少年群体的身心健康的影响是以往研究重点关注的问题。国内外的大量研究揭示了亲子线上沟通对青少年身心健康的保护作用。比如，Abar 等（2013）发现，通过即时信息进行亲子交流可以减少青少年的问题行为。Coyne 等（2014）指出，通过社交媒体进行亲子沟通可以促进青少年的联结感和主观幸福感，进而提升他们的亲社会行为和减少他们的内化问题行为（如感到不快乐、悲伤和抑郁）的程度。柴唤友等（2019）的调查研究结果显示，网络亲子沟通在控制性别、年龄和线下亲子沟通的基础上，依然负向预测了青少年的抑郁水平。Mesch（2018）的实证研究表明，线上平台能够拓展亲子交流的途径，促进青少年的个人发展和适应性行为。线上亲子沟通对青少年子女的保护作用还在一些特殊的青少年群体中得到了证实。比如，研究发现，在留守青少年群体中，农民工父母通过现代技术与留守青少年保持联系，从而增强了留守儿童的主观幸福感（Liu and Leung，2017；Niu，2020）。不仅如此，线上亲子沟通的频率还影响着留守青少年的情绪——线上亲子沟通可以有效减少青少年的社交逃避，缓解其焦虑、抑郁等不良情绪，增加其积极情绪体验（徐杰等，2016）。此外，Brittner 等（2018）研究发现，对于曾经酗酒或有同伴酗酒的青少年，父母在线上与他们讨论酒精相关话题的频率越高，他们对酒精的负面看法就越多，进而可能减少他们未来的饮酒行为。总体而言，上述研究共同凸显了新媒体时代线上亲子沟通对于青少年身心健康发展的积极作用。

实证研究还支持了线上亲子沟通对亲子关系的积极影响。Warren 和 Aloia（2018）的研究表明，线上亲子沟通的频率与亲子关系的亲密度存在显著的正相关。Niu（2020）发现，线上亲子沟通的频率也能够显著预测留守青少年与其父母之间的亲子关系：线上亲子沟通频率高的留守青少年，更容易与其父母保持良好的亲子关系。不仅如此，留守青少年的特质感激水平调节了这一关联——高特质感激水平增强了线上亲子沟通频率对留守青少年亲子关系的积极影响。还有一些研究者关注了线上亲子沟通的时长与亲子关系之间的关联。比如，Coyne 等（2014）发现，线上亲子沟通的时长与亲子关系之间存在显著的正相关，线上沟通时间越长，亲子间的关系越牢固。另外一些研究者着眼于考察亲子沟通过程中的特定信息对亲子关系的影响。比如，Aloia 和 Warren（2019）等用问卷考察了父母通过手机与青少年子女进行的三类关系维护行为（计划协调、情感支持和信息分享）的频率，结果发现，父母的三类线上关系维护行为与亲子关系质量存在普遍的正向关联。上述研究的一大局限在于，其研究设计均为横断研究设计，因而这些研究揭示的亲子线上沟通与亲子关系的关联只能是一种相关而无法揭示因果。

（二）中学生与父母间的线上亲子沟通的影响因素

以往研究考察了子女年龄、子女性别、家长性别、线下亲子沟通情况等方面因素对青少年与父母间的线上亲子沟通的影响。首先，在子女年龄上，与线下亲子沟通研究揭示的子女年龄对亲子沟通存在显著影响的结论相一致，子女年龄也影响着青少年与父母的线上沟通的特点。比如，Rudi 等（2015b）考察了家长使用 ICT 与家庭成员沟通的情况，发现随着子女年龄的增长，使用 ICT 进行亲子沟通的比例也随之增加。Devitt 等（2009）采用半结构化访谈对亲子线上沟通情况进行的考察也发现了同样的现象，即年龄较大的子女与父母或其他照看者之间的手机联系要比年龄较小的群体多得多。年龄增长对线上亲子沟通频率的促进可能与青少年阶段日益增长的独立性需求有关。一方面，随着青少年子女年龄的增长，他们开始越来越多地独立思考和独立行动，对隐私和独立空间的需求增强，与父母的 FtF 互动逐渐减少。但另一方面，在很多具体事务上，青少年仍然需要频繁地与父母进行沟通。在这样的背景下，线上沟通这种既能保持独立空间，又能实现沟通需求的方式很容易受到青少年的青睐，而父母也会尝试适应这些新的沟通方式，以保持与孩子的联系。这与Belsky（1984）提出的父母在与孩子的互动过程中会不断根据儿童的发展需要的变化来调整养育方式的观点相一致。

其次，在子女性别上，Devitt等（2009）的访谈研究发现，女性青少年比男性青少年使用手机和父母联系得更加频繁，这和其他研究者（Small, et al., 2011；Abar, et al., 2013）的发现相一致。这种性别差异也表现在一般的（非亲子间的）线上互动中。比如，Lenhart等（2007）的研究发现，相比于男孩，女孩更热衷于使用即时通信设备和社交网络服务。

在子女性别之外，家长性别也对青少年与父母间的线上沟通产生着影响。研究表明，在线上沟通的频率上，青少年通常更频繁地与母亲进行沟通，平均每周与母亲通电话约3—5次，发短信约1—2次；青少年与父亲的沟通频率则相对较低，大约每周通电话1—2次，每隔几周发一次短信（Rudi, et al., 2015b）。家长的性别也影响亲子沟通的具体类型。研究发现，母亲更倾向于通过移动设备与子女进行日常交流，而父亲更可能在移动设备的使用上具有工具性特征，比如协调日程安排，而不像母亲那样强调情感支持（Devitt, et al., 2009）。Burke等（2021）也发现，在Facebook上的亲子沟通中，母亲会更多地对子女表达情感，提醒子女给家里打电话等；父亲则会更多地和子女谈论共同的兴趣，比如运动、政治、音乐等。这种性别差异也在一般的（非亲子间的）电子邮件和社交媒体的使用上得到了证实（Chesley, et al., 2012；Bartholomew, et al., 2012）。因此，父母与青少年子女沟通上的差异可能与ICT使用的一般性别差异有关。不仅如此，已有研究还发现，青少年报告的与母亲的沟通伴随的积极情感明显多于与父亲的沟通（刘雅馨，2021；Shek, 2000）。

最后，亲子线上沟通作为对FtF沟通的重要补充，必然会受到亲子间 FtF 沟通情况的影响。对于线下沟通和线上沟通的关系，Kraut 等（2002）提出过两个对立的模型——富者更富理论和社会补偿理论。前者认为，那些社交能力强、拥有高社会支持的人会使用互联网来加强自己与他人的接触和沟通，发展亲密关系，从而获得更多的社会利益。与之相对的，后者则认为，互联网对那些社交能力弱、难以建立或维护关系的人更有利，因为互联网的匿名性和社交线索的减少允许他们以自己的节奏与他人交流，还不用过多地担心被嘲笑或拒绝，因此线上互动是弥补线下关系困难的重要机会（也即"穷者变富"模型）。简言之，两种理论的差异在于，"富者更富"模型认为在线下社交中具有优势的个体更容易在线上社交中受益，而"社会补偿"模型认为在线下社交中具有劣势的个体更容易在线上社交中受益。已有关于青少年线上社交的研究似乎为"富者更富"模型提供了支持。比如，Khan 等（2016）的研究也发现，青少年线上的社交网络关系通常可以反映其线下社交网络的状况。Jensen 等（2021）的研究更是直接考察了青少年线上、线下亲子互动之间的相互关联。他们基于经验取样法对青少年的追踪研究发现，与父母线上沟通越频繁的青少年，与父母进行积极的线下互动也会更多。

（三）微信作为线上亲子沟通的重要平台

微信作为 2011 年在我国上市的即时通信软件，以其独特的"熟人社交"诉求，在短时间内迅速占领市场，一举击败了中国移动飞信等众多即时通信软件，一跃成为我国社交软件的领军平台。根据腾讯发布的 2023 年中期报告，微信及 WeChat 的合并月活跃账户数已达到 13.27 亿，同比增长了 2%，几乎覆盖了全中国的人口，稳居"国民第一社交 App"的位置。自 2011 年发展至今，微信已经从最初的社交聊天软件，逐渐发展成为一款功能丰富的综合性 App，成为人们日常生活中不可或缺的工具（腾讯控股有限公司，2023）。

随着不断的升级，微信不仅提供了传统的文字信息、语音信息、表情符号、图片信息、视频信息、语音通话、视频通话等通信功能，还发展出"朋友圈"（允许用户使用文本、图片或视频发布、分享、"喜欢"和评论的社交媒体功能）、传递文件、群发消息、红包、转账、群收付款、分享位置、分享名片等社交功能。与传统手机通话不同的是，由于无线网络的支持，微信的使用者并不需要为这些沟通功能支付额外的费用。如保罗·莱文森的补偿性媒介理论所说，当微信依赖智能终端囊括起过去所有通信工具的功能并增加了新的社交功能时，就注定了它会以替代性的媒介姿态融入每个家庭的互动实践（吴炜华、龙慧蕊，2016）。

微信凭借其即时性、多样性、便携性和互动性的特点，在家庭互动尤其是亲子互动中得以广泛应用。在这样的背景下，青少年子女与父母的微信互动也得到了不少国内研究者的关注。比如，有多位研究者考察了大学生家庭代际微信使用中的数字反哺对亲子关系的影响（方楠，2022；安利利、王兆鑫，2020；苏悦，2020）；还有研究者考察了大学生微信使用对亲子关系维系的影响（汤雯，2019；罗珍珍，2019）；金子莘（2018）进一步考察了微信使用动机、使用功能和使用强度对大学生与父母的亲子亲密的影响，等等。除此之外，还有研究者着眼于考察亲子微信沟通中的特定功能对亲子关系的影响。比如，杜欣（2017）的研究发现，亲子间微信表情符号的使用能够通过缓和沟通氛围在一定程度上克服代际交流的障碍，促进亲子沟通的质量；李月儿（2017）的研究进一步发现，亲子线上沟通中表情符号的使用（使用意图包括补充内容、身份建构、调节气氛、明示意图四个方面）与亲子关系之间存在普遍的关联。张放（2017）和何琳玲（2016）的研究则聚焦于微信的红包功能，他们的研究均表明，红包功能可以满足人们的情感需求，增强家庭互动，促进家庭成员间的情感联结。然而，这些研究集中于大学生群体，缺乏对低年龄段的青少年——中学生群体与其父母间的微信沟通状况的关注。

基于亲子间微信沟通行为的普遍性，本书试图在过往研究的基础上，系统地考察新媒体时代背景下我国的父母—青少年间的亲子微信沟通行为。具体而言，研究1a将通过对青少年的问卷调查来回答三个研究问题：第一，我国中学生与父母在微信平台上的沟通现状如何；第二，年级、子女性别、家长性别对中学生亲子微信沟通有何影响；第三，中学生与父母的亲子微信沟通与线下亲子沟通的关系如何。

第二节　中学生与父母微信沟通的调查方法

一　参与者

本研究招募了来自四川绵阳某中学、江西高安某中学和山东聊城某中学的初一至高三六个年级的共968名中学生作为参与者，其中27名为被访谈者，134名为预施测对象，807名为最终施测对象，最终施测共回收问卷807份，回收率为100%。最终施测被试对象的性别和年级分布见表2-1。

表2-1　　　　参与者分布情况

项目	类别	人数	百分比(%)
性别	男	420	52.00
	女	387	48.00
年级	初中	462	57.20
	高中	345	42.80

二 研究工具

由于目前国内还没有统一权威的"青少年微信使用量表"以及"线上亲子沟通的影响因素量表",研究者参考已有的研究和相关量表,结合学生访谈以及问卷预施测时学生的反馈情况自编《青少年手机使用及亲子沟通情况问卷》。

(一) 问卷编制

本研究中,青少年手机使用行为及亲子沟通情况问卷的项目主要来自以下三个方面。

第一,文献综述。在ICT沟通研究以及亲子线下沟通研究文献的基础上,确立了以下三个方面:手机使用基本情况、微信亲子沟通状态(微信好友状态、微信沟通特征、微信沟通态度和体验)以及FtF亲子沟通状态。

第二,学生访谈。分别对初中和高中六个年级的共27名学生进行结构式访谈,访谈内容主要收集青少年微信使用行为情况、微信亲子沟通情况以及FtF亲子沟通情况。

第三,问卷预施测时学生的反馈情况。在正式确定问卷之前,研究者进行了两次预测,第一次预测共收集了四川某中学的65名学生的调查结果,预测后对题目之间的逻辑跳转关系进行了修订,同时也对亲子沟通的具体内容进行了补充;第二次预测收集了江西某中学69名学生的调查结果,预测后对沟通话题和题目形式进行了进一步的调整,以便于题目理解和作答。

基于上述环节,形成共包含34个项目的问卷。然后,邀请相关研究领域的心理专家进行评定、调整后,形成32题的最终版本问卷,见附录。除人口学变量之外,问卷包括以下三方面内容。

1. 手机和微信使用基本情况

手机和微信使用基本情况由 1—4 题构成，包括对是否拥有智能手机、是否使用微信，以及平均每天会花费多长时间在智能手机和微信上。这样的设置不仅可以客观地了解我国青少年群体手机使用行为的一般现状，也可以作为问卷筛选题目，有针对性地调查使用微信进行亲子沟通的人群。

2. 微信亲子沟通特征

一是亲子微信好友状态，由 5—9 题构成，包括父母是否使用微信、添加父母为微信好友的方式、加父母好友后朋友圈发布数量变化、朋友圈对父母的设置和父母可见的朋友圈占比；二是亲子微信沟通特征，由 10—13 题构成，包括沟通主动性、沟通问题、双方载体（文字、语音、图片等）使用；三是亲子微信沟通态度和体验，由 14—16 题构成，包括沟通时子女的情绪体验、子女对亲子微信沟通的态度，以及子女感知到的父母的沟通情绪。

3. FtF 亲子沟通状态

由 17—18 题构成，包括亲子线下沟通的总体频率和涉及不同内容的沟通频率。

此外，微信亲子沟通状态和 FtF 亲子沟通状态两部分（第 5—18 题）分为母亲版与父亲版，分别就与母亲和父亲的对应沟通情况进行填答。

（二）信效度分析

由于该问卷多数条目属于现状调查，无法对测量学指标加以分析，因此只针对其中的亲子微信沟通态度（第 15 题）与 FtF 沟通内容（第 18 题）两个维度做了信效度分析。上述两维度的内部一致性系数分别为 0.84 和 0.85（父亲）、0.83 和 0.85（母亲）。进一步的 KMO 和巴特利特检验（Bartlett）结果表明，亲子微信沟通态度维度的 KMO 为 0.88

（父亲）和 0.89（母亲），Bartlett 球形检验结果为 2442.21（父亲）和 2441.84（母亲）（$ps < 0.001$）；FtF 沟通内容的 KMO 为 0.75（父亲）和 0.77（母亲），Bartlett 球形检验结果为 3304.99（父亲）和 3298.35（母亲）（$ps < 0.001$），说明信效度指标良好。

三　数据收集与处理

在征得校方的同意之后，利用自习课的时间向学生发出参与研究邀请，并在家长会上征得家长同意，然后依次开展访谈、预施测和正式施测环节。

访谈环节包括一对一访谈和焦点小组访谈两种形式，两种访谈形式均由经过培训的心理学专业的本科生或研究生主试担任访谈者，对受访者进行半结构化访谈。访谈利用学校自习课或者班会课的时间完成，所有受访者均以匿名形式参与访谈。访谈结束后，向每位受访者发放一份礼品作为感谢。

预施测和正式施测环节均利用学校自习课或者班会课的时间，由经过培训的心理学专业的本科生或研究生主试组织完成。问卷以匿名形式填答，施测时教师离开现场，以免对学生的回答产生影响。完成问卷之后，向每位参与的学生发放一份礼品作为感谢。

所有数据均使用统计软件 SPSS 26.0 进行分析。

第三节　中学生与父母微信沟通的调查结果分析

一　中学生手机和微信使用基本情况

在调查样本中，71.38% 的中学生拥有智能手机，47.76% 的中学生使用微信。如图 2-1 所示，56.51% 的中学生平均每天使用手机的时间少于 30 分钟，19.33% 的中学生使用手机的时间为 30 分钟到 1 小时，24.16%

的中学生使用手机的时间高于 1 小时。并且，90.33% 的中学生平均每天使用微信的时间少于 30 分钟，8.55% 的中学生使用微信的时间为 30 分钟到 1 小时，每天使用微信的时间超过 1 小时的中学生只占 1.11%。

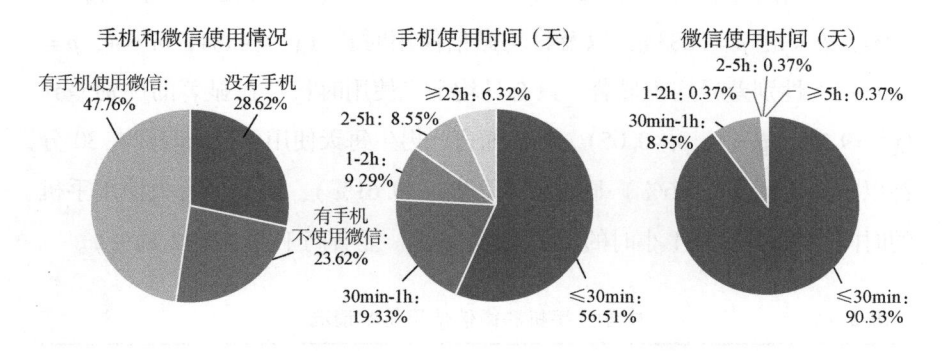

图 2-1 中学生手机和微信使用基本情况

（一）中学生手机和微信使用的年级差异

不同年级的中学生手机和微信使用情况见表 2-2。卡方分析表明，高中生拥有智能手机的比例（98.26%）显著高于初中生（51.30%）（$\chi^2 = 71.07$，$df = 1$，$p < 0.001$）。高中生使用微信的比例（97.39%）也显著高于初中生（44.16%）（$\chi^2 = 84.28$，$df = 1$，$p < 0.001$）。在日均手机使用时长上，高中生与初中生也存在显著差异（$\chi^2 = 91.95$，$df = 4$，$p < 0.001$）。具体而言，初中生每天使用手机的时间在 30 分钟以内（73.38%）和 30 分钟至 1 小时（24.03%）的比例均显著高于高中生（33.91%，13.04%），而高中生使用手机的时间在 1—2 小时（20.00%）、2—5 小时（18.26%）以及 5 小时以上（14.78%）的比例显著高于初中生（1.30%，1.30%，0.00%）。日均微信使用时长不存在显著的年级差异（$\chi^2 = 3.55$，$df = 4$，$p = .471$）。

上述结果表明，高中生拥有智能手机和使用微信的比例均高于初中生，且初中生短时间使用手机的比例高，而高中生长时间使用手机的比例高。

(二) 中学生手机和微信使用的性别差异

不同性别的中学生手机和微信使用情况见表2-2。卡方分析表明，是否拥有智能手机（$\chi^2 = 0.62$，$df = 1$，$p = .430$）、是否使用微信（$\chi^2= 3.00$，$df = 1$，$p = .083$），以及日均微信使用时长（$\chi^2 = 4.84$，$df = 4$，$p = .305$）上性别差异均不显著。只有日均手机使用时长存在显著的性别差异（$\chi^2 = 9.73$，$df = 4$，$p < 0.05$）。具体而言，男生每天使用手机的时间在30分钟以内的比例（62.86%）显著高于女生（49.61%），而女生每天使用手机的时间在30分钟至1小时的比例（26.36%）显著高于男生（12.86%）。

表2-2　　　　　　　　中学生手机和微信使用基本情况

题目内容	年级		性别	
	初中	高中	男生	女生
拥有智能手机:是	51.30^a	98.26^b	69.29	73.64
使用微信:是	44.16^a	97.39^b	62.14	72.09
日均手机使用时长:≤30min	73.38^a	33.91^b	62.86^a	49.61^b
日均手机使用时长:30min-1h	24.03^a	13.04^b	12.86^a	26.36^b
日均手机使用时长:1-2h	1.30^a	20.00^b	10.71	7.75
日均手机使用时长:2-5h	1.30^a	18.26^b	7.14	10.08
日均手机使用时长:≥5h	0.00^a	14.78^b	6.43	6.20
日均微信使用时长:≤30min	90.26	90.43	92.86	87.60
日均微信使用时长:30min-1h	9.09	7.83	6.43	10.85
日均微信使用时长:1-2h	0.00	0.87	0.00	0.78
日均微信使用时长:2-5h	0.65	0.00	0.00	0.78
日均微信使用时长:≥5h	0.00	0.87	0.71	0.00

注：以上数据为百分比（%），min表示分钟，h表示小时，a、b表示列变量之间存在显著差异。

二 中学生亲子微信好友状态

95.20%的参与者的母亲和87.70%的参与者的父亲会使用微信。如图2-2所示，在与父母微信好友情况上，子女主动添加父母并成为好友的比例为38.23%，父母主动添加子女并成为好友的比例为36.83%，双方均未加对方好友的比例为24.71%，仅有0.23%的中学生拒绝了父母的好友请求。在对朋友圈的设置上，有87.20%的中学生加父母后没有对朋友圈内容做过设置或调整，5.36%的中学生不让

与父母微信好友情况
- 双方均未加对方好友：24.71%
- 我拒绝父母加我好友：0.23%
- 我接受父母加我好友：36.83%
- 父母接受我加好友：38.23%

好友后朋友圈的设置
- 朋友圈对父母不可见：5.36%
- 不看父母朋友圈：0.30%
- 删改发过的朋友圈：3.87%
- 发新朋友圈时设置为父母不可见：3.27%
- 未做过上述设置或调整：87.20%

父母可见的朋友圈比例
- 100%：51.71%
- 0%：10.59%
- 0%—20%：12.46%
- 20%—40%：8.41%
- 40%—60%：3.12%
- 60%—80%：4.36%
- 80%—100%：9.35%

好友后发朋友圈的数量变化
- 减少：5.85%
- 增多：5.23%
- 无变化：88.92%

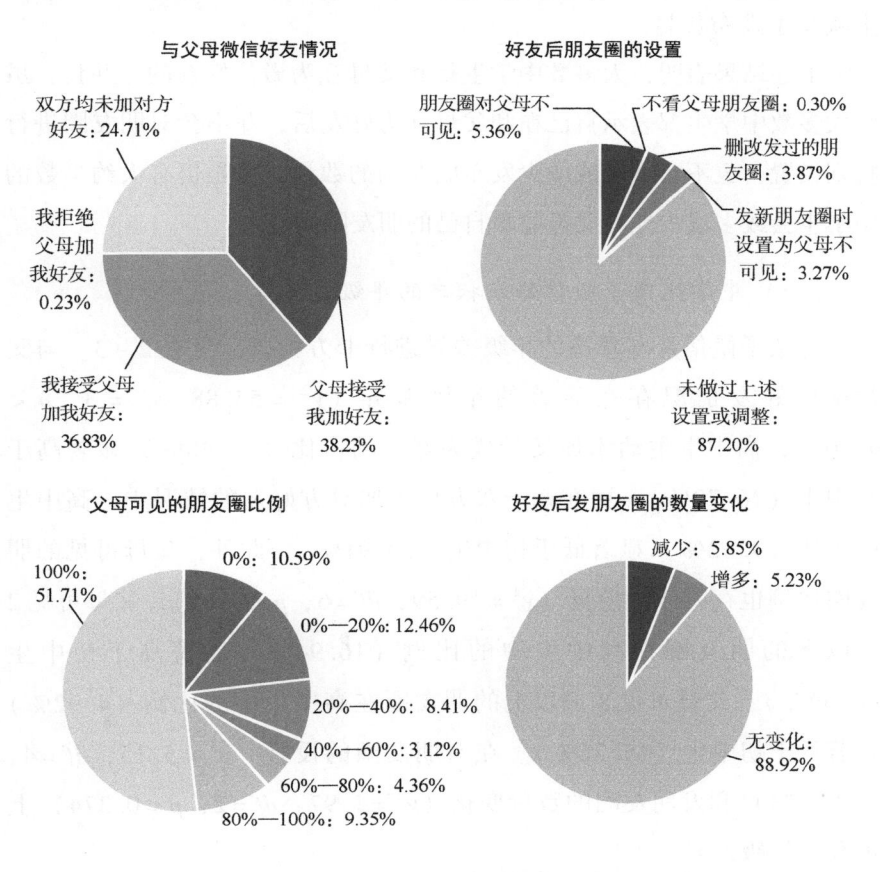

图2-2 中学生亲子微信好友状态

父母看自己的朋友圈，0.30%的中学生不看父母的朋友圈，3.87%的中学生对发过的朋友圈进行删改，3.27%的中学生发新朋友圈时设置为对父母不可见。在父母能够看到的朋友圈内容比例上，全部对父母可见的占比为51.71%，8成以上可见的占比为9.35%，6—8成可见的占比为4.36%，4—6成可见的占比为3.12%，2—4成可见的占比为8.41%，2成以下可见的占比为12.46%，全部不可见的占比为10.59%。在与父母成为好友后发朋友圈的数量变化上，88.92%的中学生报告没有变化，5.23%的中学生增多了发布数量，5.85%的中学生减少了发布数量。

上述结果表明，大多数中学生是和父母互为微信好友的。并且，虽然大多数中学生都表示自己在和父母互为好友后，并不会对朋友圈进行特别设置，也不会增多或减少发布朋友圈的数量，但是仍有大约半数的中学生会或多或少地向父母隐藏自己的朋友圈内容。

（一）中学生亲子微信好友状态的年级差异

对亲子微信好友状态的年级差异进行卡方检验，见表2-3。与父母微信好友情况存在显著的年级差异（$\chi^2 = 54.88$，$df = 3$，$p < 0.001$），高中生主动添加父母成为好友的占比（50.48%）显著高于初中生（26.70%），而在亲子双方均未加对方好友的情况中，高中生的占比（9.62%）显著低于初中生（38.91%）。此外，父母可见的朋友圈比例也存在年级差异（$\chi^2 = 19.59$，$df = 6$，$p < 0.01$），父母可见2成以下的朋友圈在高中生中的比例（16.94%）显著高于初中生（6.52%），父母可见8成以上的朋友圈在高中生中的比例（4.92%）显著低于初中生（15.22%）。在对朋友圈的设置（$\chi^2 = 5.15$，$df = 4$，$p = 0.273$）和发朋友圈的数量变化（$\chi^2 = 1.97$，$df = 2$，$p = 0.374$）上不存在年级差异。

表 2-3 中学生与父母微信好友状态

题目内容		年级		性别		父母	
		初中	高中	男生	女生	父亲	母亲
与父母微信好友情况	父母接受我加好友	26.70^a	50.48^b	35.75	40.87	36.14	40.09
	我接受父母加好友	34.39	39.42	30.77	43.27	36.63	37.00
	拒绝父母加我好友	0.00	0.48	0.45	0.00	0.50	0.00
	双方均未加对方好友	38.91^a	9.62^b	33.03^a	15.87^b	26.73	22.91
好友后朋友圈设置	朋友圈对父母不可见	4.11	6.32	2.63^a	7.61^b	6.49	4.40
	不看父母朋友圈	0.00	0.53	0.66	0.00	0.00	0.55
	删改发过的朋友圈	5.48	2.63	0.66^a	6.52^b	3.90	3.85
	发新朋友圈设置为父母不可见	4.79	2.11	3.29	3.26	3.25	3.30
	未做上述设置或调整	85.62	88.42	92.76^a	82.61^b	86.36	87.91
父母可见的朋友圈比例	0%	7.25	13.11	13.42	8.14	10.88	10.34
	0%—20%	6.52^a	16.94^b	19.46	6.40	14.29	10.92
	20%—40%	10.14	7.10	4.70	11.63	9.52	7.47
	40%—60%	2.90	3.28	2.01	4.07	3.40	2.87
	60%—80%	5.07	3.83	3.36	5.23	4.08	4.60
	80%—100%	15.22^a	4.92^b	7.38	11.05	6.80^a	11.49^b
	100%	52.90	50.82	49.66	53.49	51.02	52.30
好友后发朋友圈的数量变化	减少	7.97	4.28	5.96	5.75	5.52	6.11
	增多	5.07	5.35	5.96	4.60	5.52	5.00
	无变化	86.96	90.37	88.08	89.66	88.97	88.89

注：以上数据为百分比（%），a、b 表示列变量之间存在显著差异。

上述结果表明，比起初中生而言，高中生在添加父母微信好友上更积极主动；但与此同时，和父母成为微信好友后，高中生在自己的朋友圈状态中对父母隐藏的内容也更多。

(二) 中学生亲子微信好友状态的性别差异

对亲子微信好友状态的子女性别差异进行卡方检验，如表2-3，与父母微信好友情况存在显著的子女性别差异（$\chi^2 = 12.83$，$df = 3$，$p < .01$），男生与父母均未主动添加对方好友的比例（33.03%）显著高于女生（15.87%）。在加父母好友后朋友圈设置上也存在显著的子女性别差异（$\chi^2 = 48.58$，$df = 4$，$p = .001$），女生设置朋友圈对父母不可见（7.61%）和删改发过的朋友圈（6.52%）的比例均高于男生（分别为2.63%和0.66%），而男生未做设置或调整的比例（92.76%）则显著高于女生（82.61%）。父母可见的朋友圈比例、好友后发朋友圈的数量变化上均不存在显著的子女性别差异。

对亲子微信好友状态的父母性别差异进行卡方检验，如表2-3，父母可见的朋友圈比例存在显著的父母性别差异（$\chi^2 = 13.16$，$df = 6$，$p < .01$），母亲可见子女8成以上朋友圈的占比（11.49%）显著高于父亲（6.80%）。与父母微信好友情况、好友后朋友圈设置和好友后发朋友圈的数量变化上均不存在显著的父母性别差异。

三 中学生亲子微信沟通特征

如图2-3所示，在微信沟通主动性上，在微信沟通中子女主动和父母主动的比例分别为21.12%和22.77%，双方主动性相当的比例为56.11%。在微信沟通问题方面，争吵（$M = 1.23$）、误解（$M = 1.27$）、冷战（$M = 1.22$）和敷衍（$M = 1.70$）四种问题的出现频率都较低（4点计分）。在不同的信息载体上，中学生使用频率从高到低的载体分别为文字（$M = 3.01$）、图片（$M = 2.92$）、视频（$M = 2.88$）、语音（$M = $

2.85) 和表情（$M=2.82$）；父母使用频率从高到低分别为文字（$M=2.99$）、视频（$M=2.98$）、语音（$M=2.91$）、图片（$M=2.87$）和表情（$M=2.76$）。

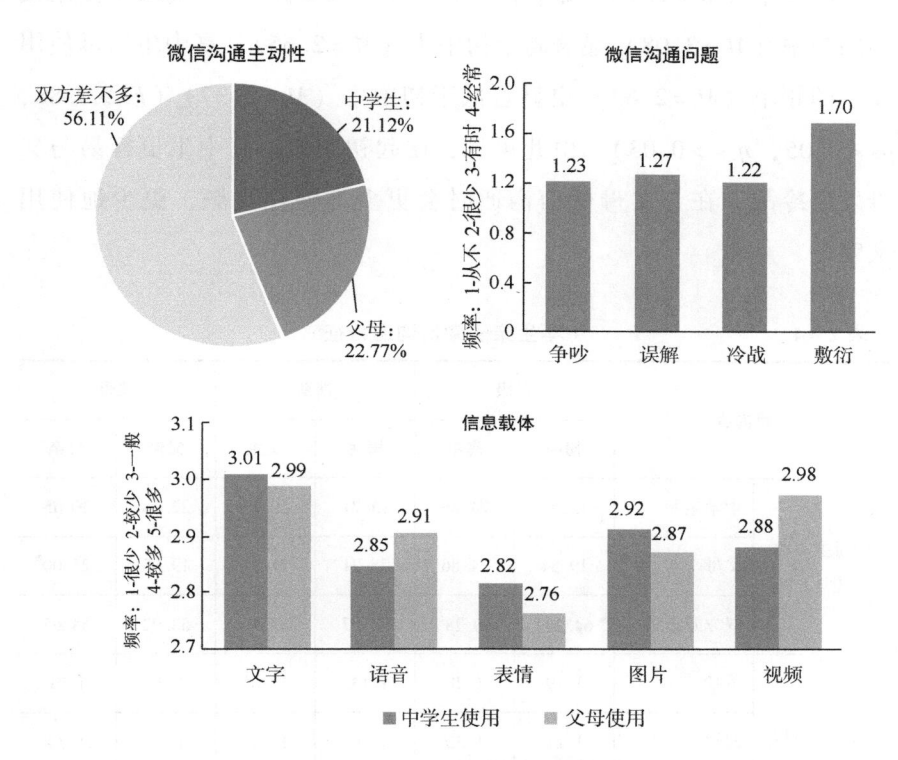

图 2-3　中学生亲子微信沟通特征

（一）中学生亲子微信沟通特征的年级差异

对亲子微信沟通特征的年级差异分析结果见表 2-4，年级差异在沟通主动性上显著（$\chi^2=6.20$，$df=2$，$p<0.05$），其中，报告双方主动性相当的高中生比例（50.28%）显著低于初中生（64.29%）。在微信沟通问题中，高中生与父母冷战的频率（$M=1.31$）显著高于初中生（$M=1.18$）（$F=4.24$，$p<0.05$，$\eta_p^2=0.03$）。此外，在信息载体上，中学生使用文字（$F=4.96$，$P=0.028$，$\eta_p^2=0.04$）、视频

的频率（$F = 3.565$，$p < 0.05$，$\eta_p^2 = 0.03$），以及父母使用文字的频率上（$F = 9.95$，$p < 0.01$，$\eta_p^2 = 0.07$）年级差异均显著：高中生使用文字的频率（$M = 2.76$）显著低于初中生（$M = 3.32$），高中生使用视频的频率（$M = 3.08$）显著高于初中生（$M = 2.65$），高中生父母使用文字的频率（$M = 2.62$）也显著低于初中生（$M = 3.37$）（$Fs > 3.88$，$ps < 0.05$，$\eta_p^2 s > 0.03$）。由此可见，比起初中生，高中生更容易与父母发生冷战，在与父母微信沟通时会更多地使用视频，更少地使用文字。

表 2-4 中学生亲子微信沟通特征

题目内容		年级		性别		父母	
		初中	高中	男生	女生	父亲	母亲
沟通主动性 （%）	中学生	15.87	24.86	15.71	20.92	22.14	20.35
	父母	19.84	24.86	25.71	21.57	19.85	25.00
	双方差不多	64.29^a	50.28^b	58.57	57.52	58.02	54.65
微信沟通问题 （1 从不— 4 经常）	争吵	1.19	1.28	1.13^a	1.30^b	1.25	1.21
	误解	1.21	1.32	1.16^a	1.39^b	1.27	1.30
	冷战	1.18^a	1.31^b	1.09^a	1.31^b	1.24	1.20
	敷衍	2.34	2.28	1.30^a	1.50^b	1.30	1.48
中学生使用的 信息载体 （1 很少— 5 很多）	文字	3.32^a	2.76^b	1.66	1.38	3.12	2.87
	语音	2.96	2.75	1.48	1.37	2.77	2.92
	表情	2.84	2.80	1.42	1.40	2.83	2.80
	图片	2.79	3.03	1.40	1.51	2.91	2.93
	视频	2.65^a	3.08^b	1.32	1.54	2.95	2.82

续表

题目内容		年级		性别		父母	
		初中	高中	男生	女生	父亲	母亲
父母使用的信息载体（1 很少—5 很多）	文字	3.37^a	2.62^b	2.79	3.08	2.92	3.16
	语音	2.98	2.90	3.01	2.86	2.94	2.77
	表情	2.54	2.92	2.76	2.74	2.80	2.84
	图片	2.74	2.96	2.86	2.86	2.92	2.90
	视频	2.97	3.09	3.12	2.95	2.79	2.94

注：a、b 表示列变量之间存在显著差异。

（二）中学生亲子微信沟通特征的性别差异

将在沟通主动性上选择父母、双方差不多、中学生分别编码为 1、2、3 表征中学生的主动性，数字越大代表中学生主动性越高。编码后所有微信沟通特征均为连续数据，可进行方差分析。对亲子微信沟通特征进行子女性别 2（男生 vs. 女生）× 家长性别 2（父亲 vs. 母亲）的方差分析，结果见表 2-4。子女性别的主效应在四个微信沟通问题上均显著，女生在微信上与父母争吵（$F=4.68$，$p<0.05$，$\eta_p^2=0.03$）、误解（$F=7.92$，$p<0.05$，$\eta_p^2=0.06$）、冷战（$F=7.89$，$p<0.05$，$\eta_p^2=0.06$）、敷衍（$F=6.75$，$p<0.05$，$\eta_p^2=0.05$）的频率均高于男生。家长性别的主效应均不显著。值得注意的是，在误解上，子女性别和家长性别的交互作用显著（$F=4.08$，$p<0.05$，$\eta_p^2=0.03$），简单效应分析结果如图 2-4 所示，当子女性别为男时，与父亲发生误解的频率（$M=1.08$）显著低于母亲（$M=1.25$）（$t=2.24$，$p<0.05$）；而当子女性别为女时，与父母发生误解的频率几乎没有差异（$t=0.94$，$p>0.05$）。这说明总体而言，女孩比男孩在和父母的微信沟通中感知到更多的问题，而男孩在和母亲微信沟通时比与父亲微信沟通时感知到更多的误解。

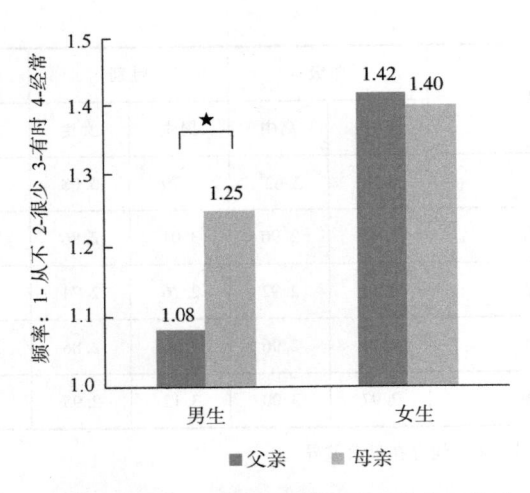

图 2-4 子女和家长性别在误解上的交互作用

四 中学生亲子微信沟通体验和态度

如图 2-5 所示，在微信沟通的情绪体验上，中学生的积极情绪体验频率较高，频率从多到少依次为关心（$M=3.14$）、高兴（$M=3.06$）、放松（$M=3.06$）、快乐（$M=3.03$）、满足（$M=3.00$）、平静（$M=2.84$）。而悲伤（$M=1.46$）、失望（$M=1.47$）、不快乐（$M=1.38$）、紧张（$M=1.31$）、寂寞（$M=1.29$）、焦虑（$M=1.28$）等消极情绪体验频率较低，多为"没有"或"很少"。说明中学生在微信亲子沟通中的情绪体验较为积极。

在微信沟通态度上，中学生比较认同微信能带来便利（$M=3.07$），但在享受微信沟通（$M=2.87$）、拉近距离（$M=2.67$）、表达更多内心感受（$M=2.54$）、简单地表达忧虑（$M=2.53$）、谈到更多秘密（$M=2.06$）上态度趋中，中学生对不喜欢微信沟通（$M=1.87$）、无法得到更多关爱（$M=1.54$）两种消极态度比较不认同。说明中学生对微信沟通的态度中性偏积极。

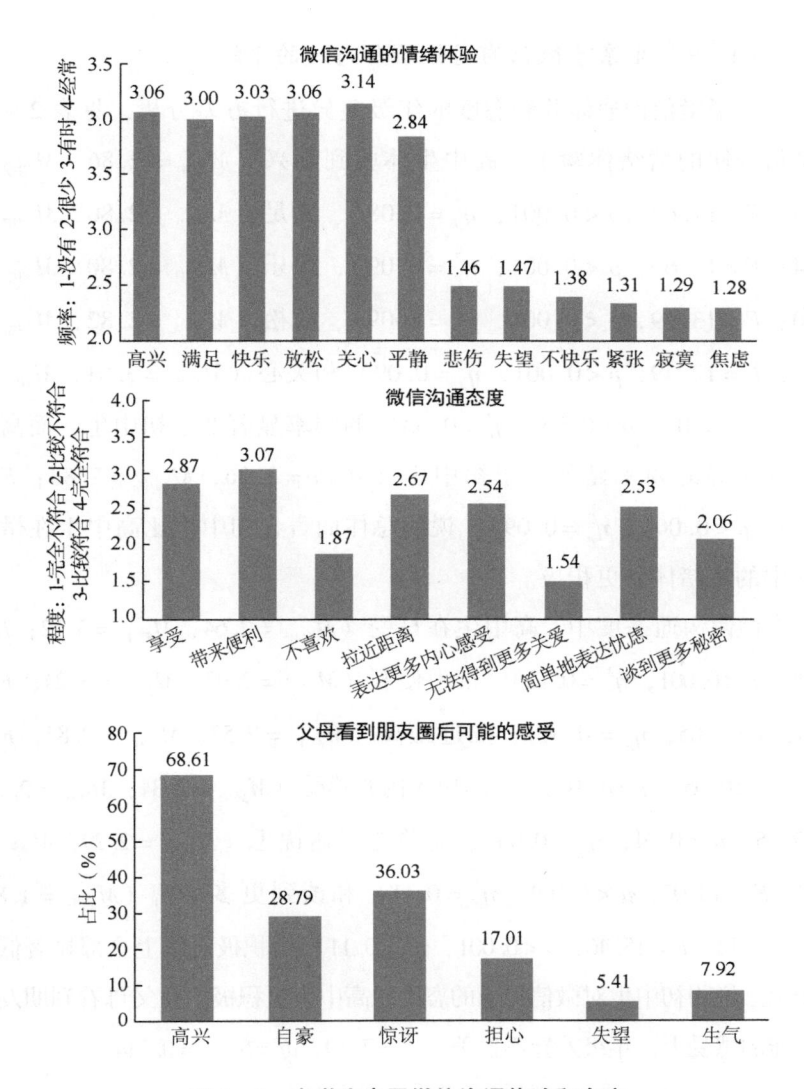

图 2-5 中学生亲子微信沟通体验和态度

在父母看到朋友圈后可能的感受上,中学生推测父母的感受从多到少分别为高兴(68.61%)、惊讶(36.03%)、自豪(28.79%)、担心(17.01%)、生气(7.92%)和失望(5.41%)。说明中学生认为父母看自己朋友圈之后的反应以积极情绪为主。

（一）中学生亲子微信沟通体验和态度的年级差异

对亲子微信沟通体验和态度的年级差异进行方差分析，见表 2-5。在微信沟通的情绪体验上，高中生体验到高兴（$M_{高中}=2.86$，$M_{初中}=3.29$；$F=11.66$，$p<0.001$，$\eta_p^2=0.08$）、满足（$M_{高中}=2.80$，$M_{初中}=3.24$；$F=12.69$，$p<0.001$，$\eta_p^2=0.09$）、快乐（$M_{高中}=2.80$，$M_{初中}=3.30$；$F=13.29$，$p<0.001$，$\eta_p^2=0.09$）、放松（$M_{高中}=2.82$，$M_{初中}=3.32$；$F=12.49$，$p<0.001$，$\eta_p^2=0.09$）和关心（$M_{高中}=3.01$，$M_{初中}=3.29$；$F=4.01$，$p<0.05$，$\eta_p^2=0.03$）的频率显著低于初中生，而高中生感到平静的频率显著高于初中生（$M_{高中}=3.26$，$M_{初中}=2.83$；$F=12.12$，$p<0.001$，$\eta_p^2=0.09$）。说明总体而言，初中生比高中生在微信沟通中的情绪体验更积极。

在微信沟通态度中，高中生在享受（$M_{高中}=2.64$，$M_{初中}=3.12$；$F=17.49$，$p<0.001$，$\eta_p^2=0.12$）、带来便利（$M_{高中}=2.93$，$M_{初中}=3.24$；$F=5.45$，$p<0.05$，$\eta_p^2=0.04$）、拉近距离（$M_{高中}=2.53$，$M_{初中}=2.83$；$F=5.96$，$p<0.05$，$\eta_p^2=0.04$）、表达更多内心感受（$M_{高中}=2.34$，$M_{初中}=2.77$；$F=7.95$，$p<0.01$，$\eta_p^2=0.06$）、简单地表达忧虑（$M_{高中}=2.29$，$M_{初中}=2.80$；$F=15.07$，$p<0.001$，$\eta_p^2=0.11$）和谈到更多秘密（$M_{高中}=1.84$，$M_{初中}=2.32$；$F=15.46$，$p<0.001$，$\eta_p^2=0.11$）等积极态度上全部显著低于初中生。说明初中生对微信沟通的态度比高中生更积极。在父母看到朋友圈后可能的感受上，年级差异不显著（$\chi^2=7.10$，$df=5$，$p=0.214$）。

（二）中学生亲子微信沟通体验和态度的性别差异

对亲子微信沟通体验和态度进行子女性别2（男生 vs. 女生）×家长性别2（父亲 vs. 母亲）的方差分析，结果见表 2-5。家长性别的主效应在微信沟通的情绪体验上显著：中学生与母亲微信沟通时体验到的高兴（$M_{母亲}=3.15$，$M_{父亲}=3.00$；$F=8.90$，$p<0.01$，$\eta_p^2=0.06$）、满足

（$M_{母亲} = 3.07$，$M_{父亲} = 2.97$；$F = 5.72$，$p < 0.05$，$\eta_p^2 = 0.04$）、快乐（$M_{母亲} = 3.14$，$M_{父亲} = 2.96$；$F = 10.60$，$p < 0.001$，$\eta_p^2 = 0.08$）、放松（$M_{母亲} = 3.14$，$M_{父亲} = 3.00$；$F = 8.13$，$p < 0.01$，$\eta_p^2 = 0.06$）、关心（$M_{母亲} = 3.23$，$M_{父亲} = 3.07$；$F = 8.59$，$p < 0.01$，$\eta_p^2 = 0.06$）、平静（$M_{母亲} = 2.98$，$M_{父亲} = 2.71$；$F = 12.12$，$p < 0.001$，$\eta_p^2 = 0.09$）、寂寞（$M_{母亲} = 1.35$，$M_{父亲} = 1.23$；$F = 5.55$，$p < 0.05$，$\eta_p^2 = 0.04$）和焦虑（$M_{母亲} = 1.34$，$M_{父亲} = 1.23$；$F = 4.42$，$p < 0.05$，$\eta_p^2 = 0.03$）均显著高于父亲。其他的主效应和交互效应均不显著。说明整体而言，中学生与母亲微信沟通时的情绪体验比和父亲沟通时更强烈。

表2-5　　　　　　　　中学生亲子微信沟通体验和态度

题目内容		年级		性别		父母	
		初中	高中	男生	女生	父亲	母亲
微信沟通的情绪体验（1没有—4经常）	高兴	3.29^a	2.86^b	2.98	3.11	3.00^a	3.15^b
	满足	3.24^a	2.80^b	2.90	3.07	2.97^a	3.07^b
	快乐	3.30^a	2.80^b	2.94	3.09	2.96^a	3.14^b
	放松	3.32^a	2.82^b	2.97	3.10	3.00^a	3.14^b
	关心	3.29^a	3.01^b	3.05	3.21	3.07^a	3.23^b
	平静	2.83^a	3.26^b	2.77	2.91	2.71^a	2.98^b
微信沟通的情绪体验（1没有—4经常）	悲伤	1.42	1.51	1.40	1.54	1.44	1.49
	失望	1.44	1.49	1.43	1.51	1.44	1.49
	不快乐	1.34	1.43	1.32	1.45	1.36	1.41
	紧张	1.25	1.38	1.26	1.37	1.28	1.35
	寂寞	1.22	1.36	1.23	1.35	1.23^a	1.35^b
	焦虑	1.21	1.35	1.21	1.36	1.23^a	1.34^b

续表

题目内容		年级		性别		父母	
		初中	高中	男生	女生	父亲	母亲
微信沟通态度（1完全不符合—4完全符合）	享受	3.12^a	2.64^b	2.83	2.88	2.84	2.89
	带来便利	3.24^a	2.93^b	3.02	3.11	3.01^a	3.13^b
	不喜欢	1.85	1.89	1.87	1.86	1.93	1.80
	拉近距离	2.83^a	2.53^b	2.62	2.71	2.70	2.65
	表达更多内心感受	2.77^a	2.34^b	2.42	2.64	2.51	2.57
	无法得到更多关爱	1.59	1.50	1.55	1.52	1.49	1.59
	简单地表达忧虑	2.80^a	2.29^b	2.41	2.61	2.41^a	2.65^b
	谈到更多秘密	2.32^a	1.84^b	1.96	2.14	2.00^a	2.13^b
父母看到朋友圈后可能的感受（%）	高兴	70.97	65.9	69.31	68.09	67.37	70.00
	自豪	38.71	17.34	32.18	26.06	28.95	29.50
	惊讶	40.09	31.21	32.67	39.89	35.79	36.50
父母看到朋友圈后可能的感受（%）	担心	15.67	18.5	15.35	18.62	17.89	16.00
	失望	5.07	5.78	4.95	5.85	5.79	5.00
	生气	8.76	6.94	8.42	7.45	8.42	7.50

注：a、b表示列变量之间存在显著差异。

在微信沟通态度中，家长性别的主效应在带来便利（$F = 5.04$，$p < 0.05$，$\eta_p^2 = 0.04$）、简单地表达忧虑（$F = 14.94$，$p < 0.001$，$\eta_p^2 = 0.10$）和谈到更多秘密（$F = 8.38$，$p < 0.01$，$\eta_p^2 = 0.06$）上显著：中学生认为与母亲的微信沟通能够带来便利（$M_{母亲} = 3.13$，$M_{父亲} = 3.01$）、简单地

表达忧虑（$M_{母亲} = 2.65$，$M_{父亲} = 2.41$），以及谈到更多秘密（$M_{母亲} = 2.13$，$M_{父亲} = 2.00$）的程度显著高于与父亲的微信沟通。值得注意的是，在享受微信沟通（$F = 7.01$，$p < 0.01$，$\eta_p^2 = 0.05$）、拉近距离（$F = 5.91$，$p < 0.05$，$\eta_p^2 = 0.04$）和表达更多内心感受（$F = 4.28$，$p < 0.05$，$\eta_p^2 = 0.03$）上存在子女性别和家长性别的交互作用显著。简单效应分析结果如图2-6所示，对女生而言，与母亲微信沟通比与父亲微信沟通更享受（$M_{母亲} = 3.00$，$M_{父亲} = 2.80$），能表达更多内心感受（$M_{母亲} = 2.81$，$M_{父亲} = 2.56$）；但对男生而言，与父亲微信沟通比与母亲沟通更能拉近距离（$M_{母亲} = 2.68$，$M_{父亲} = 2.87$）（$ts > 2.41$，$ps < 0.05$）。这说明总体而言，中学生对和母亲微信沟通的态度比和父亲微信沟通的态度更积极，尤其对女生而言。在父母看到朋友圈后可能的感受上，子女和家长性别的效应均不显著。

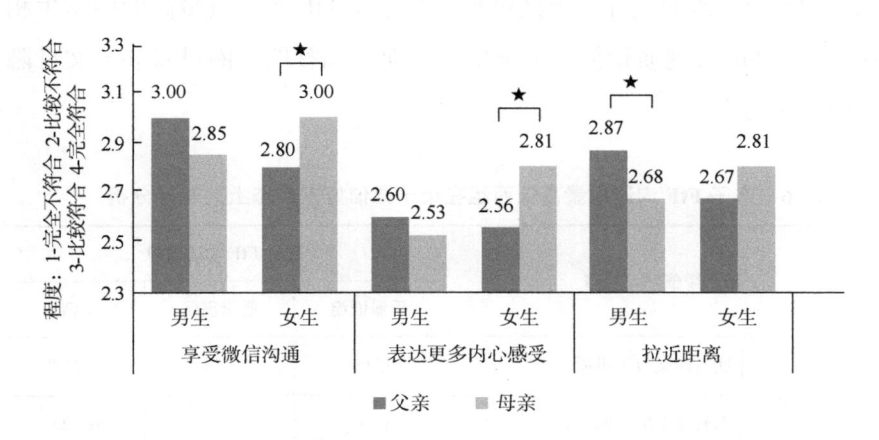

图2-6 中学生亲子微信沟通态度交互作用

五 中学生亲子FtF沟通和线上亲子沟通的关系

将FtF沟通总体频率和涉及不同内容的FtF沟通频率求均值，作为FtF沟通质量的指标（$M = 2.44$，$SD = 0.54$）。再按照中位数分组的方法将中学生分成 FtF 沟通质量低和 FtF 沟通质量高两组。本部分将通过分析上述两组在亲子微信好友状态、微信沟通特征以及微信沟通体验和态度三方面的组间差异,来探索亲子 FtF 沟通和微信沟通之间的关系。

(一) 中学生亲子 FtF 沟通和微信好友状态的关系

由表 2-6 可知,亲子 FtF 沟通质量高低两组在微信好友状态上存在显著差异:在设置朋友圈对父母不可见上,FtF 沟通质量低组($M=0.09$)显著多于 FtF 沟通质量高组($M=0.01$)($t=2.66$,$p<0.01$);在朋友圈未做设置或调整上,FtF 沟通质量低组($M=0.87$)显著少于 FtF 沟通质量高组($M=0.95$)($t=-2.11$,$p<0.05$);在父母可见的朋友圈比例上,FtF 沟通质量低组的可见比例($M=4.51$)显著低于 FtF 沟通质量高组($M=5.81$)($t=-4.08$,$p<0.001$)。在其他微信好友状态上均不存在组间差异。由此可见,与亲子 FtF 沟通质量高的中学生相比,亲子 FtF 沟通质量低的中学生更倾向于调整朋友圈设置和向父母隐藏朋友圈内容。

表 2-6 亲子 FtF 沟通质量高低两组在亲子微信好友状态上的差异分析

亲子微信好友状态		亲子 FtF 沟通质量		
		质量低组	质量高组	t 值
好友后朋友圈设置(0 否,1 是)	朋友圈父母不可看	0.09	0.01	2.657**
	不看父母朋友圈	0.01	0.00	0.923
	删改发过的朋友圈	0.05	0.02	1.252
	发新朋友圈时设为父母不可见	0.05	0.02	1.076
	未做过上述设置或调整	0.87	0.95	-2.113*
父母可见朋友圈比例(1 表示 0%,7 表示 100%)		4.51	5.81	-4.077***

注:* $p<0.05$,** $p<0.01$,*** $p<0.001$。

(二) 中学生亲子 FtF 沟通和亲子微信沟通特征的关系

由表 2-7 可知，FtF 沟通质量高低两组在微信沟通特征上存在差异：在微信沟通主动性上，FtF 沟通质量低组的主动性得分（$M=2.21$）显著低于 FtF 沟通质量高组（$M=2.43$；$t=-1.99$，$p<0.05$）；在微信沟通问题上，FtF 沟通质量低组敷衍的频率（$M=1.49$）显著高于 FtF 沟通质量高组（$M=1.30$；$t=1.94$，$p<0.05$）。在其他微信沟通特征上均不存在组间差异。说明与亲子 FtF 沟通质量高的中学生相比，亲子 FtF 沟通质量低的中学生微信沟通主动性更低，在和父母微信沟通中感受到更多敷衍。

表 2-7 亲子 FtF 沟通质量高低两组在亲子微信沟通特征上的差异分析

亲子微信沟通特征		亲子 FtF 沟通质量		
		质量低组	质量高组	t 值
沟通主动性(1 父母,2 差不多,3 中学生)		2.21	2.43	-1.990*
微信沟通问题 (1 从不—4 经常)	争吵	1.22	1.23	-0.312
	误解	1.28	1.28	-0.043
	冷战	1.23	1.19	0.541
	敷衍	1.49	1.30	1.943*

注：* $p<0.05$，** $p<0.01$，*** $p<0.001$。

(三) 中学生亲子 FtF 沟通和亲子微信沟通体验与态度的关系

由表 2-8 可知，在亲子微信的情绪体验上，FtF 沟通质量低组体验到高兴（$M_{低}=2.67$，$M_{高}=3.50$；$t=-6.75$，$p<0.001$）、满足（$M_{低}=2.59$，$M_{高}=3.44$；$t=-6.72$，$p<0.001$）、快乐（$M_{低}=2.60$，$M_{高}=3.49$；$t=-7.00$，$p<0.001$）、放松（$M_{低}=2.62$，$M_{高}=3.51$；$t=-$

7.04，$p<0.001$）、关心（$M_{低}=2.79$，$M_{高}=3.51$；$t=-5.79$，$p<0.001$）和平静的频率（$M_{低}=2.70$，$M_{高}=2.98$；$t=-2.09$，$p<0.05$）均显著低于 FtF 沟通质量高组；亲子 FtF 沟通质量低组体验到寂寞的频率（$M=1.37$）显著高于亲子 FtF 沟通质量高组（$M=1.20$；$t=2.02$，$p<0.05$）。

表 2-8 亲子 FtF 沟通质量高低两组在微信沟通体验与态度上的差异分析

亲子微信沟通体验与态度		亲子 FtF 沟通质量		
		质量低组	质量高组	t 值
微信沟通的情绪体验 （1 没有—4 经常）	高兴	2.67	3.50	-6.75***
	满足	2.59	3.44	-6.72***
	快乐	2.60	3.49	-7.00***
	放松	2.62	3.51	-7.04***
	关心	2.79	3.51	-5.79***
	平静	2.70	2.98	-2.09*
微信沟通的情绪体验 （1 没有—4 经常）	悲伤	1.47	1.45	0.32
	失望	1.47	1.46	0.07
	不快乐	1.41	1.38	0.43
	紧张	1.36	1.27	1.14
	寂寞	1.37	1.20	2.02*
	焦虑	1.32	1.25	0.87
微信沟通态度 （1 完全不符合— 4 完全符合）	享受	2.54	3.20	-5.67***
	带来便利	2.89	3.25	-2.87**
	不喜欢	1.92	1.79	1.11

续表

亲子微信沟通体验与态度		亲子 FtF 沟通质量		
		质量低组	质量高组	t 值
微信沟通态度 (1 完全不符合— 4 完全符合)	拉近距离	2.36	2.92	-4.32***
	表达更多内心感受	2.23	2.80	-4.26***
	无法得到更多关爱	1.61	1.46	1.36
	简单地表达忧虑	2.26	2.76	-3.99***
	谈到更多秘密	1.73	2.37	-5.38***
父母看到朋友圈 后可能的感受 (0 否,1 是)	高兴	0.59	0.78	-3.06**
	自豪	0.15	0.43	-5.00***
	惊讶	0.33	0.39	-0.95
	担心	0.17	0.17	-0.00
	失望	0.08	0.02	2.26*
	生气	0.12	0.04	2.16*

注:* $p<0.05$,** $p<0.01$,*** $p<0.001$。

由表 2-8 可知,在微信沟通态度中,FtF 沟通质量低组在享受 ($M_{低}=2.54$,$M_{高}=3.20$;$t=-5.67$,$p<0.001$)、带来便利 ($M_{低}=2.89$,$M_{高}=3.25$;$t=-2.87$,$p<0.01$)、拉近距离 ($M_{低}=2.36$,$M_{高}=2.92$;$t=-4.32$,$p<0.001$)、表达更多内心感受 ($M_{低}=2.23$,$M_{高}=2.80$;$t=-4.26$,$p<0.001$)、简单地表达忧虑 ($M_{低}=2.26$,$M_{高}=2.76$;$t=-3.99$,$p<0.001$) 和谈到更多秘密 ($M_{低}=1.73$,$M_{高}=2.37$;$t=-5.38$,$p<0.001$) 的态度上评分均显著低于 FtF 沟通质量高组。

由表 2-8 可知，在父母看到朋友圈后可能的感受上，FtF 沟通质量低组认为父母会感到高兴（$M_{低} = 0.59$，$M_{高} = 0.78$；$t = -3.06$，$p < 0.01$）和自豪（$M_{低} = 0.15$，$M_{高} = 0.43$；$t = -5.00$，$p < 0.001$）的可能性显著低于 FtF 沟通质量高组；亲子 FtF 沟通质量低组认为父母会感到失望（$M_{低} = 0.08$，$M_{高} = 0.02$；$t = 2.26$，$p < 0.05$）和生气（$M_{低} = 0.12$，$M_{高} = 0.04$；$t = 2.16$，$p < 0.05$）的可能性显著高于 FtF 沟通质量高组。

上述结果表明，比起 FtF 沟通质量高的中学生，FtF 沟通质量低的中学生对微信沟通的情绪体验、态度以及推测父母对自己朋友圈的感受都更为消极。

第四节 中学生与父母微信沟通现状调查的发现与启示

一 中学生亲子微信沟通现状

本研究通过问卷调查考察了中学生与父母的微信好友状态、微信沟通特征（沟通主动性、沟通问题、信息载体）、微信沟通态度和体验，以及微信沟通与 FtF 沟通的关系四个方面的亲子微信沟通现状。在微信好友状态上，75% 的中学生通过主动或被动添加的方式与父母成为微信好友，仅有不到 0.23% 的中学生拒绝与父母成为好友。在与父母成为好友后，有近九成的中学生并没有对朋友圈内容做特别的设置或调整，也不会改变发朋友圈的数量，但即便如此，仍有半数的中学生会或多或少地对父母隐藏自己的朋友圈内容。在微信沟通特征上，中学生和父母在发起微信沟通的主动性程度上相当。亲子微信沟通问题中发生争吵、误解、冷战和敷衍的频率较低。在信息载体上，亲子双方使用最多和最少的载体分别是文字和表情符号，但中学生使用频率排第二的是图片，父母则是视频。在微信沟通态度和体验方面，中学生在微信亲子沟通中体验到关心、高兴等积极情绪的频率较高,体验到焦虑、寂寞等消极情绪的频率较低;中学生对亲子微信沟通持有中性偏积极的态度,他们认为亲子微信沟通可以带来便利。此外,中学生推测父母看自己朋友圈之后的反应会以积极情绪为主。

二 中学生亲子微信沟通的影响因素

(一) 子女年龄

在微信好友状态方面,高中生在添加父母微信好友上比初中生更积极,但也更倾向于对父母隐藏朋友圈内容。在亲子微信沟通特征方面,高中生比初中生与父母在微信沟通时发生更多冷战,向父母发送更少的文字信息和更多的视频信息。这与之前线下亲子沟通的研究结果一致:青少年与父母的沟通冲突随年级而增加(方晓义等,2006)。在微信沟通态度和体验上,初中生体验到高兴、满足、快乐、放松、关心等积极情绪的频率高于高中生,对亲子微信沟通持有的态度也更积极。这可能与随着进入青春期后年龄的进一步增长,青少年在与父母的沟通开放性上逐渐降低有关(Jackson,1998)。以往研究对初、高中生更细致的年级差异分析表明,青少年在亲子沟通中的轻松感会随年龄递增呈先下降后上升趋势,具体表现为初一>高三>初二>高二>高一>初三(张峰,2004)。本研究中的调查对象为初一、初二、高一和高二群体,这也佐证了这一研究结果。综上所述,从整体上看,与高中生相比,初中生在亲子微信沟通中主动性更高,体验积极情绪的频率更多,对亲子微信沟通的态度也更积极。

(二) 子女性别

比起男孩,女孩和父母成为微信好友的比例更高,在和父母的微信沟通中感知到更多的问题。这与以往研究发现的女孩与父母的沟通频率和次数比男孩更高(Abar, et al., 2013; Finkenauer, et al., 2002;

Small, et al., 2011; Soenens, et al., 2006; Vijayakumar, et al., 2020），但对亲子沟通的满意度却比男孩更低（王丽娟等，2009）的研究结果相一致。可能与两方面的原因有关。一方面，女孩追求亲密的动机更高，这使她们更愿意与父母成为微信好友；另一方面，由于女孩比男孩具有更高的情绪感知能力，她们可能对沟通中的问题更敏感，更有觉察（李瑾、徐燕，2016）。

（三）家长性别

中学生与母亲的微信沟通状况优于父亲。比起父亲，母亲能够看到子女八成以上的朋友圈的比例更高；中学生与母亲微信沟通时的情绪体验更强烈，他们一方面感受到更多的高兴、满足、快乐、放松、关心、平静等积极情绪，另一方面也感受到更多的寂寞、焦虑等消极情绪；中学生对和母亲的微信沟通的态度更积极，他们认为和母亲的微信沟通更能够带来便利，表达忧虑和谈论秘密，对女孩而言尤其如此。这与以往对亲子沟通的研究结果一致：青少年与母亲的线上沟通比与父亲的线上沟通更频繁（Rudi, et al., 2015b），认为与母亲的沟通比与父亲的沟通更令人满意，与母亲的沟通伴随的积极情感明显多于与父亲的沟通（刘宁等，2005）。

三 中学生亲子微信沟通与亲子 FtF 沟通的关系

本研究考察了 FtF 沟通质量高、低两组在亲子微信好友状态、微信沟通特征以及微信沟通体验和态度三方面的组间差异，结果发现，FtF 质量低的中学生在亲子微信沟通上情况也更差。比起亲子 FtF 沟通质量高的中学生，FtF 质量低的中学生会更多地针对父母调整朋友圈设置，其父母可见其朋友圈的比例更低，在沟通更不主动，感知到来自父母的更多的敷衍，对微信沟通的情绪体验、态度以及推测父母对自己朋友圈的感受都更为消极。本研究在亲子沟通这一情境下检验了上述假设并支持了"富者更富"模型：亲子 FtF 沟通质量高的中学生，亲子微信沟通的质量也更高。本研究结果与 Jensen 等（2021）的经验取样研究结果一致，他们发现，那些与父母线上沟通越频繁的青少年，与父母进行积极的线下互动也会更多。不仅如此，本研究结果还在亲子关系这一特定情境下进一步佐证了 Khan 等（2016）关于青少年社会关系的发现——青少年线上的社交网络关系通常可以反映其线下社交网络的状况。

第三章 大学生与父母的微信沟通现状调查

第一节 大学生与父母间亲子沟通的研究现状

一 大学生与父母间亲子关系和亲子沟通的特点

大学生阶段标志着青春期后期的到来，在这一阶段，个体经历了从青春期到成年初期的过渡阶段。在这一时期，随着思维的逐渐成熟，个体的各方面能力得到了进一步发展。比起中学阶段，大学生会在未来职业、婚姻、家庭等个人发展领域进行更多的、更深入的探索和投入（Kalakoski and Nurmi, 1998；张玲玲、张文新，2008）。不仅如此，在青少年晚期，随着步入社会的临近，发展亲密关系逐渐成为该阶段的发展主题（Erikson, et al., 1968）。

在亲子关系上，大学生逐渐脱离对父母的依赖，开始重新协商自己与父母之间的关系（Aquilino, 2006）。随着叛逆的青春期进入尾声、成年初期的逐渐展开，在大学生阶段，个体的心理、生理和社会角色都在发生显著的变化，促使其成为更加独立、自主的个体。他们希望自己能够像成年人一样被父母及外界对待和认可。在学习和生活中，大学生一方面要继续维持与父母的亲密，另一方面又要将与父母的互动方式逐渐转向成人式的交往，这种亲密性和独立自主性之间的平衡是大学生在处理亲子关系中面临的重要任务（刘登攀，2006）。与此同时，作为亲子关系的另一方，大学生的父母也表现出与中学生父母不一样的心理特点——随着子女的独立（通常伴随着离家求学），父母的关注点得以从子女的学习和生活转向自身的幸福和人生意义，他们开始更加重视自身以及相互之间的婚姻关系，也会重新评估和调整与成年子女的互动模式。上述亲子双方的心理特点的变化会给大学生与父母间的亲子互动带来新的变化（陈依波，2020）。

研究表明，在青春期的不同阶段，亲子沟通会呈现出不同的变化趋势（Branj, et al., 2012）。进入大学后，首先，子女与父母的亲子沟通在内容上表现出了新的特点。由于东方文化强调自我价值、自我认同与家庭的紧密联系，个人的失败或挫折会成为整个家庭的负担或难堪（Sue and Sue, 1981），因此中国成年子女在与父母沟通时会更倾向于向父母进行积极的自我披露，而避免消极的自我披露（陈依波，2020；Yu, et al., 2017）。与青少年早期往往需要在遇到挫折或者困难时向父母求助的沟通内容不同，渴望独立和证明自己的大学生可能为了避免让父母担心，避免给父母或家庭带来负担，选择向父母展现更多积极的沟通话题。其次，比起中学生而言，大学生与父母间的亲子沟通的氛围倾向于更加平等和融洽。研究发现，在整个青春期，父母对子女的权利和控制逐渐减弱（De Goede, et al., 2009），不仅如此，父母对子女的情感温暖在青少年中期到晚期逐渐增加（Shanahan, et al., 2007）。与此同时，尽管整个青少年期个体都在持续对自我探索，但直到青春期晚期，许多个体才开始从扩散和早闭状态发展到延缓和获得状态（Waterman, 1982），这样的发展使得他们能够更为理智地对待父母的观点，更能够尊重和接纳父母的想法或建议。因此，亲子双方的上述变化共同促使着亲子沟通气氛朝着更为平和的方向发展。

二 微信作为大学生与父母间亲子沟通的重要平台

尽管大学生已经开始逐渐迈入成年初期，但他们仍将父母视为获取有关生活的重要方面（如学校教育、未来职业等）的支持和建议的主要来源（Steinberg，2005；Hunter，1985）。当他们在面对学业、职业选择和其他人生大决策时，仍然需要来自父母的引导和支持。但比起与父母同住的中学生而言，大学生的亲子互动普遍存在着远距离的特点。因而，比起以 FtF 沟通为主、线上沟通为辅的中学生而言，线上沟通，尤其是微信沟通，在大学生与父母的亲子沟通中占据了绝对的主导地位。

首先，微信让大学生能够随时随地与父母保持联系，分享生活和学业的点滴，让时空上处于分离状态的亲子间得以建立起一种"虚拟在场"和"虚拟亲密"（王月，2020），并进一步发展出一种"跨地区家庭团结模式"（Sunny，2013）。因此，微信成为大学生弥合亲子间空间距离的重要纽带（王月，2020；Yu，et al.，2017）。其次，微信的即时性和便捷性为亲子沟通提供了简单有效的沟通平台。比起中学生而言，大学生摆脱了学校对手机使用的严格限制，这使得他们更加依赖和习惯使用微信与父母沟通。尤其对于那些在离家十分遥远的异地甚至国外求学的大学生而言，和父母间除了空间的距离，甚至还有时差的阻隔。这时，微信的即时性和便捷性的优势则尤为凸显，它让大学生能够在父母需要的时候快速回应信息，分享自己的学习、生活、情绪等方面的近况（Yu，et al.，2017）。再次，微信作为综合性的社交通信工具，对文字、语音、链接、红包、图片、表情符号、视频等多种形式信息的包容为亲子互动提供了丰富的可能性。一方面，大学生可以通过一对一聊天或家庭聊天群与父母进行直接的沟通；另一方面，他们还可以通过"朋友圈"分享自己的日常生活点滴，发表自己的观点和看法，让父母更好地了解他们的学习生活环境和社交圈子。因此，亲子间的多样化的亲子沟通能够满足不同的沟通需求，促进亲子间的相互理解、及时关怀与积极反馈，有利于亲子关系的深化（金子莘，2018）。最后，微信为大学生亲子沟通提供了平等轻松的氛围。研究表明，ICT 可以在处理敏感问题时提供更多控制信息构建和呈现的手段，缓解亲子沟通中的不愉快因素，进而促进亲子关系（Yu, et al., 2017）。比如，微信亲子沟通中表情符号的使用可以弥补代际交流障碍，实现代际信息沟通，缓和交流氛围，缓解社交技能的不足，最终提升沟通效果（杜欣，2017）。

基于此，本书将在研究 1a 的基础上，回答以下四个大学生与父母间的亲子沟通的问题：第一，我国大学生与父母在微信平台上的沟通现状如何；第二，年级、子女性别、家长性别对大学生亲子微信沟通有何种影响；第三，大学生与父母的亲子微信沟通与线下亲子沟通的关系如何；第四，大学生与父母的微信沟通和中学生与父母的微信沟通存在哪些异同。

第二节　大学生与父母微信沟通的调查方法

一　参与者

本研究采用方便取样法，在线上招募了北京市几所高校的大学生作为参与者，共发放问卷 346 份，回收问卷 346 份，去除缺失值大于 40% 的问卷 22 份，最终有效问卷为 324 份，有效率为 94.19%。

324 名最终参与者平均年龄为 20.32 岁（$SD = 1.12$），其中男生 123 名（占 37.96%），女生 201 名（占 62.04%）。

二　研究工具

采用研究 1a 中自编的 32 题《青少年手机使用及亲子沟通情况问卷》，见附录，对大学生的手机使用基本情况、微信亲子沟通状态（微信好友状态、微信沟通特征、微信沟通态度和体验），以及 FtF 亲子沟通状态加以考察。

由于该问卷多数条目属于现状调查，无法对测量学指标加以分析，因此只针对其中的亲子微信沟通态度（第 15 题）与 FtF 沟通内容（第 18 题）两个维度做了信效度分析。上述两维度的内部一致性系数分别为 0.88 和 0.89（父亲），以及 0.85 和 0.84（母亲）。进一步的 KMO 和巴特利特检验（Bartlett）结果表明，亲子微信沟通态度维度的 KMO 为 0.89（父亲）和 0.89（母亲），Bartlett 球形检验结果为 3029.30（父亲）和 3135.37（母亲）（$ps < 0.001$）；FtF 沟通内容的 KMO 为 0.73（父亲）和 0.75（母亲），Bartlett 球形检验结果为 2992.48（父亲）和 3084.50（母亲）（$ps < 0.001$），说明在本研究中上述题目信效度指标良好。

三 数据收集与处理

由经过培训的心理学专业的本科生或研究生主试组织完成数据收集过程。主试获得大学生知情同意后，请其进行在线问卷填答，问卷以匿名形式填答，完成问卷后，每位大学生将获得 10 元报酬作为感谢。

所有数据均使用统计软件 SPSS 26.0 进行分析。

第三节 大学生与父母微信沟通的调查结果分析

一 大学生手机和微信使用基本情况及性别差异

如图 3-1 所示，在调查样本中，100% 的大学生拥有智能手机，100% 的人使用微信。其中，没有大学生每天使用手机的时间在 30 分钟以内，4.84% 的大学生每天使用手机的时间为 30 分钟到 1 小时，

第三章 大学生与父母的微信沟通现状调查

12.90%的大学生每天使用手机的时间为1—2小时，35.48%的大学生每天使用手机的时间为2—5小时，46.77%的大学生每天使用手机的时间为5小时以上。并且，19.35%的大学生平均每天使用微信的时间为30分钟以内，32.26%的大学生平均每天使用微信的时间为30分钟到1小时，22.58%的大学生平均每天使用微信的时间为1—2小时，20.97%的大学生平均每天使用微信的时间为2—5小时，4.48%的大学生平均每天使用微信的时间为5小时以上。

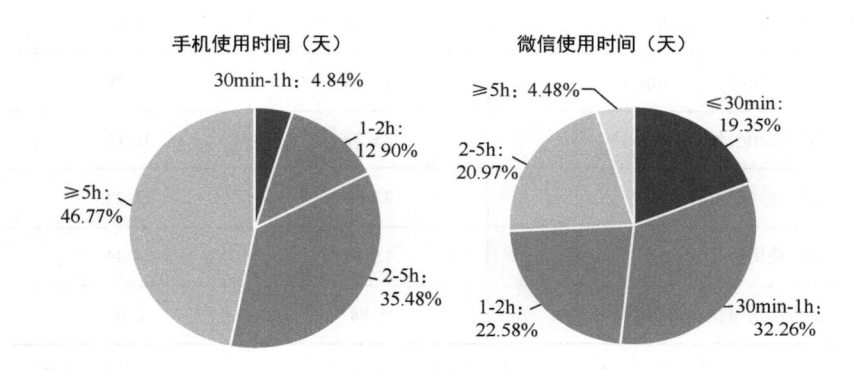

图3-1 大学生手机和微信使用基本情况

不同性别的大学生手机和微信使用情况见表3-1。卡方分析结果表明，在手机使用时间（$\chi^2=5.47$，$df=3$，$p=0.140$）和微信使用时间（$\chi^2=1.29$，$df=4$，$p=0.864$）上，性别差异均不显著。

表3-1　　　　　大学生手机和微信使用基本情况

题目内容	性别	
	男生	女生
拥有智能手机:是	100.00	100.00
使用微信:是	100.00	100.00
日均手机使用时长:≤30min	0.00	0.00

续表

题目内容	性别	
	男生	女生
日均手机使用时长：30min – 1h	11.76	2.22
日均手机使用时长：1 – 2h	23.53	8.89
日均手机使用时长：2 – 5h	23.53	40.00
日均手机使用时长：≥5h	41.18	48.89
日均微信使用时长：≤30min	23.53	17.78
日均微信使用时长：30min – 1h	35.29	31.11
日均微信使用时长：1 – 2h	23.53	22.22
日均微信使用时长：2 – 5h	11.76	24.44
日均微信使用时长：≥5h	5.88	4.44

注：以上数据为百分比（%），min 表示分钟，h 表示小时，a、b 表示列变量之间存在显著差异。

二　大学生亲子微信好友状态及性别差异

93.55%的参与者的母亲和80.65%的参与者的父亲会使用微信。如图3-2所示，在与父母微信好友情况上，子女主动添加父母微信并成为好友的比例为34.87%，父母主动添加子女微信并成为好友的比例为63.82%，双方没有添加微信好友的比例为1.32%，没有大学生子女拒绝接受父母的微信好友请求。此外，在对朋友圈的设置上，有40.00%的大学生表示加父母好友后没有对朋友圈内容做过设置或调整，13.62%不让父母看自己的朋友圈，1.16%不看父母的朋友圈，11.01%对以前发过的朋友圈内容进行删改，34.20%发新的朋友圈时设置为父母不可见。在父母能够看到的朋友圈的内容的比例上，全部对父母可见的大学生占比为27.00%，8成以上可见的大学生占比为16.00%，6—8成可见的占比为13.33%，4—6成可见的占比为16.33%，2—4成可见的占比为8.33%，2成以下可见的占比为14.67%，全部不可见的占比为4.33%。在与父母成为微信好友后大学生发朋友圈的数量变化上，89.67%的大学生报告没有变化，2.33%的大学生报告增多了发布数量，8.00%的大学生报告减少了发布数量。

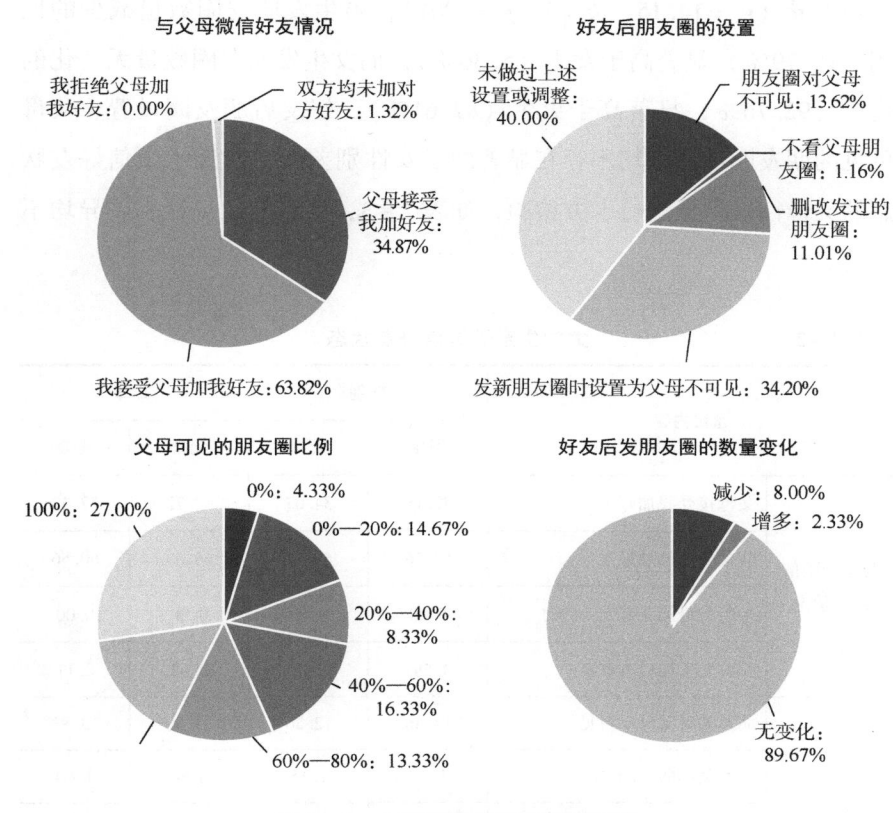

图3-2 大学生亲子微信好友状态

上述结果表明，绝大多数大学生是和父母互为微信好友的。虽然绝大多数大学生都表示自己在和父母成为好友之后并不会增多或减少发布朋友圈的数量,但仍有超过半数的大学生会在和父母成为好友后对朋友圈进行专门的设置或内容的删改,并且大多数大学生都会或多或少地向父母隐藏自己的朋友圈内容。

对亲子微信好友状态的子女性别差异进行卡方检验,如表 2-3,与父母微信好友情况存在显著的子女性别差异($\chi^2 = 12.24$,$df = 3$,$p < .01$),男生与父母均未主动添加对方好友的比例(2.56%)显著高于女生(0.88%)。在好友后发朋友圈的数量变化上也存在显著的子女性别差异($\chi^2 = 14.15$,$df = 2$,$p = .001$),男生发朋友圈数量减少的比例(15.79%)显著高于女生(5.36%),而女生发朋友圈数量无变化的比例(92.76%)显著高于男生(82.61%)。好友后朋友圈设置、父母可见的朋友圈比例上均不存在显著的子女性别差异。对亲子微信好友状态的父母性别差异进行卡方检验,如表 2-3,所有的父母性别差异均不显著。

表 3-2　　　　　　　　　　大学生亲子微信好友状态

题目内容		性别		父母	
		男生	女生	父亲	母亲
与父母微信好友情况	父母接受我加好友	37.18	34.07	32.72	37.32
	我接受父母加好友	60.26	65.04	66.67	60.56
	拒绝父母加我好友	0.00	0.00	0.00	0.00
	双方均未加对方好友	2.56^a	0.88^b	0.62	2.11
好友后朋友圈设置	朋友圈对父母不可见	17.86	12.26	13.38	13.83
	不看父母朋友圈	1.19	1.15	0.64	1.60
	删改发过的朋友圈	5.95	12.64	10.83	11.17
	发新朋友圈设置为父母不可见	23.81	37.55	34.39	34.04
	未做上述设置或调整	51.19	36.40	40.76	39.36

续表

题目内容		性别		父母	
		男生	女生	父亲	母亲
父母可见的朋友圈比例	0%	7.89	3.13	5.04	3.73
	0%—20%	14.47	14.73	16.55	13.04
	20%—40%	7.89	8.48	7.91	8.70
	40%—60%	15.79	16.52	15.83	16.77
	60%—80%	13.16	13.39	12.23	14.29
	80%—100%	9.21	18.30	15.11	16.77
	100%	31.58	25.45	27.34	26.71
好友后发朋友圈的数量变化	减少	15.79^a	5.36^b	6.47	9.32
	增多	2.63	2.23	2.16	2.48
	无变化	81.58^a	92.41^b	91.37	88.20

注：以上数据为百分比（%），a、b 表示列变量之间存在显著差异。

上述结果表明，比起女大学生而言，男大学生和父母互为微信好友的比例更低；除此之外，和父母成为微信好友后，发布朋友圈的数量不会发生任何变化的女大学生的比例比男大学生更高。

三 大学生亲子微信沟通特征及性别差异

如图 3-3 所示，在微信沟通主动性上，子女主动和父母主动的比例分别为 21.98% 和 28.48%，余下 49.54% 的大学生表示双方的主动性相当。在微信沟通问题方面，争吵（$M=1.33$）、误解（$M=1.38$）、冷战（$M=1.17$）和敷衍（$M=1.67$）这四种问题的出现频率都较低（4 点计分）。在不同的信息载体上，大学生使用频率从高到低的载体分别为文字（$M=3.33$）、图片（$M=2.36$）、表情（$M=2.34$）、语音（$M=2.14$）和视频

（$M=2.12$）；父母的使用频率从高到低的载体分别为文字（$M=3.03$）、语音（$M=2.67$）、图片（$M=2.26$）、视频（$M=2.18$）和表情（$M=2.01$）。

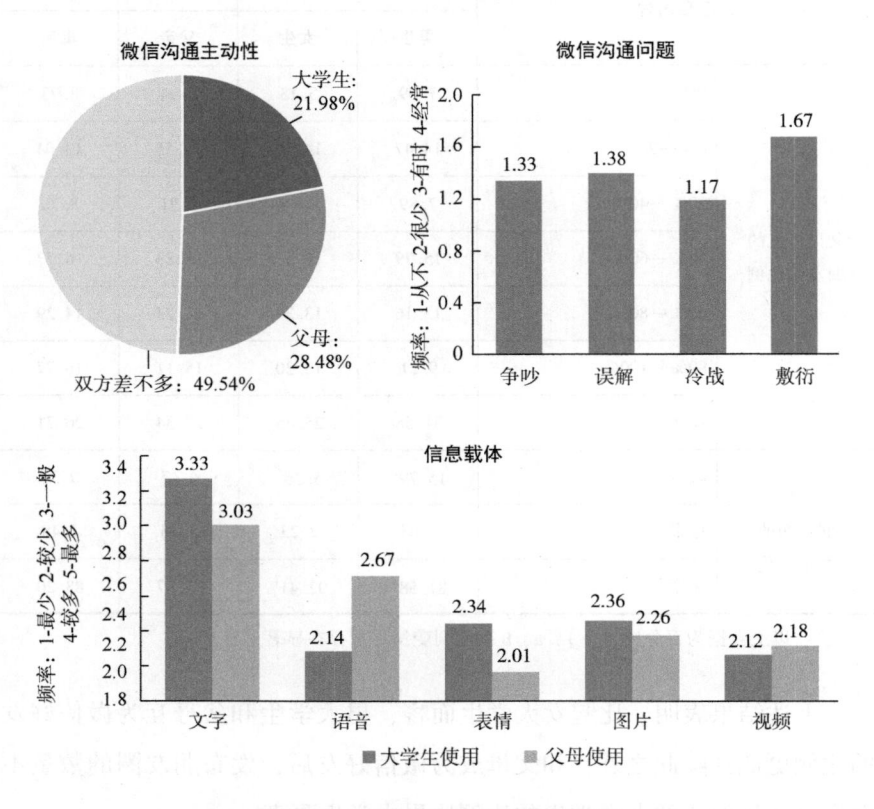

图 3-3 大学生亲子微信沟通特征

将在沟通主动性上选择父母、双方差不多、大学生分别编码为 1、2、3，表征大学生的主动性，以便进行后续分析。对亲子微信沟通特征进行子女性别 2（男生 vs. 女生）×家长性别 2（父亲 vs. 母亲）的方差分析结果见表 3-3。在微信沟通的主动性上，所有的主效应和交互作用均不显著。在微信沟通问题中，家长性别的主效应在冷战上显著，大学生与父亲微信沟通时发生冷战的频率（$M=1.22$）显著高于与母亲（$M=1.13$；$F=6.02$，$p<0.05$，$\eta_p^2=0.12$）。在大学生使用的信息载体

中，子女性别的主效应在表情符号的使用上显著，男生使用表情符号的频率（$M=2.13$）显著低于女生（$M=2.56$；$F=6.37$，$p<0.05$，$\eta_p^2=0.04$）。家长性别的主效应在语音、表情符号、图片以及视频载体的使用上均显著：在与父亲微信沟通时，大学生子女使用语音（$M_父=1.94$，$M_母=2.35$；$F=9.78$，$p<0.01$，$\eta_p^2=0.06$）、表情符号（$M_父=2.13$，$M_母=2.55$；$F=18.55$，$p<0.001$，$\eta_p^2=0.11$）、图片（$M_父=2.06$，$M_母=2.66$；$F=38.60$，$p<0.001$，$\eta_p^2=0.20$），以及视频（$M_父=1.86$，$M_母=2.38$；$F=21.17$，$p<0.001$，$\eta_p^2=0.12$）的频率均显著低于与母亲微信沟通时。在父母使用的信息载体中，家长性别的主效应在语音、表情符号、图片以及视频上均显著：大学生认为其父亲使用语音（$M_父=2.34$，$M_母=3.01$；$F=29.92$，$p<0.001$，$\eta_p^2=0.16$）、表情符号（$M_父=1.84$，$M_母=2.19$；$F=8.29$，$p<0.01$，$\eta_p^2=0.05$）、图片（$M_父=1.97$，$M_母=2.55$；$F=25.59$，$p<0.001$，$\eta_p^2=0.14$），以及视频（$M_父=1.94$，$M_母=2.42$；$F=18.53$，$p<0.001$，$\eta_p^2=0.11$）的频率均显著低于母亲。

表3-3 大学生亲子微信沟通特征

题目内容		性别		父母	
		男生	女生	父亲	母亲
沟通主动性（%）	大学生	17.65	23.53	24.84	19.28
	父母	23.53	30.25	28.03	28.92
	双方差不多	58.82	46.22	47.13	51.81
微信沟通问题（1从不—4经常）	争吵	1.35	1.31	1.24	1.42
	误解	1.45	1.32	1.29	1.48
	冷战	1.18	1.17	1.22[a]	1.13[b]
	敷衍	1.48	1.85	1.60	1.73

续表

题目内容		性别		父母	
		男生	女生	父亲	母亲
大学生使用的信息载体 （1 很少—5 很多）	文字	3.32	3.35	3.28	3.39
	语音	2.21	2.08	1.94^a	2.35^b
	表情	2.13^a	2.56^b	2.13^a	2.55^b
	图片	2.28	2.44	2.06^a	2.66^b
	视频	2.09	2.15	1.86^a	2.38^b
父母使用的信息载体 （1 很少—5 很多）	文字	2.96	3.09	3.05	3.00
	语音	2.76	2.58	2.34^a	3.01^b
	表情	1.98	2.05	1.84^a	2.19^b
	图片	2.23	2.29	1.97^a	2.55^b
	视频	2.16	2.20	1.94^a	2.42^b

注：a、b 表示列变量之间存在显著差异。

由此可见，在大学生亲子微信沟通的特征中，沟通对象是父亲还是母亲会带来较大的差异：相比于和母亲的沟通，大学生与父亲沟通时会发送更少的语音信息、表情符号、图片和视频信息；在和子女的沟通中，父亲也会比母亲发送更少的语音、表情符号、图片和视频信息。大学生还在和父亲的沟通中知觉到比和母亲沟通时更多的冷战。这说明总体而言，在大学生与父亲的沟通中，父子双方使用文字以外的多媒体信息载体的频率都低于与母子沟通时，发生的冷战问题也比母子沟通更多。除此之外，子女的性别差异只体现在表情符号的使用上，女生比男生更多地使用表情符号。

此外，子女与家长性别的交互作用在冷战上也显著（$F = 4.43$，$p < 0.05$，$\eta_p^2 = 0.09$）。简单分析结果如图 3-4 所示，当子女为男孩时，其

与父亲微信沟通时发生冷战的频率（$M=1.39$）显著高于与母亲微信沟通时（$M=1.00$；$t=2.62$，$p<0.05$），其他效应不显著。这说明家长性别在冷战上的主效应——与父亲比与母亲出现了更多的冷战——主要来自男大学生的报告。

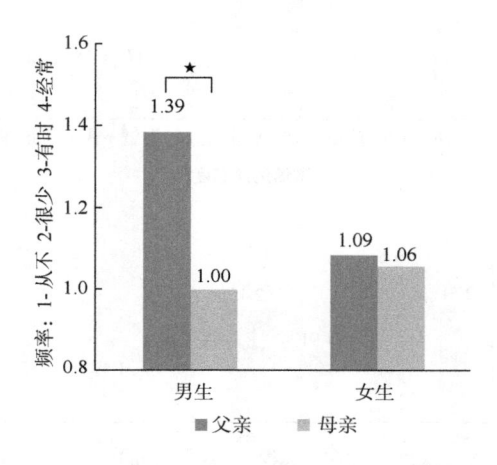

图 3-4 大学生亲子微信沟通冷战问题交互作用情况

四 大学生亲子微信沟通体验和态度及性别差异

如图 3-5 所示，在微信沟通的情绪体验上，大学生的积极情绪体验频率偏高，频率从多到少依次为关心（$M=2.82$）、平静（$M=2.78$）、高兴（$M=2.71$）、放松（$M=2.70$）、快乐（$M=2.65$）和满足（$M=2.50$）；而悲伤（$M=1.29$）、失望（$M=1.37$）、不快乐（$M=1.38$）、紧张（$M=1.34$）、寂寞（$M=1.31$）、焦虑（$M=1.44$）等消极情绪体验频率较低，多为"没有"或"很少"。说明大学生在微信亲子沟通中的情绪体验较为积极。

在微信沟通态度方面，大学生在享受微信沟通（$M=2.51$）、微信沟通能带来便利（$M=2.91$）、拉近距离（$M=2.45$）、表达更多内心感受（$M=2.26$）、简单地表达忧虑（$M=2.06$）上态度趋中；大学生对不

微信沟通的情绪体验

频率：1-没有 2-很少 3-有时 4-经常

高兴	满足	快乐	放松	关心	平静	悲伤	失望	不快乐	紧张	寂寞	焦虑
2.71	2.50	2.65	2.70	2.82	2.78	1.29	1.37	1.38	1.34	1.31	1.44

微信沟通态度

程度：1-完全不符合 2-比较不符合 3-比较符合 4-完全符合

享受	带来便利	不喜欢	拉近距离	表达更多内心感受	无法得到更多关爱	简单地表达优虑	谈到更多秘密
2.51	2.91	1.91	2.45	2.26	1.49	2.06	1.76

父母看到朋友圈后可能的感受

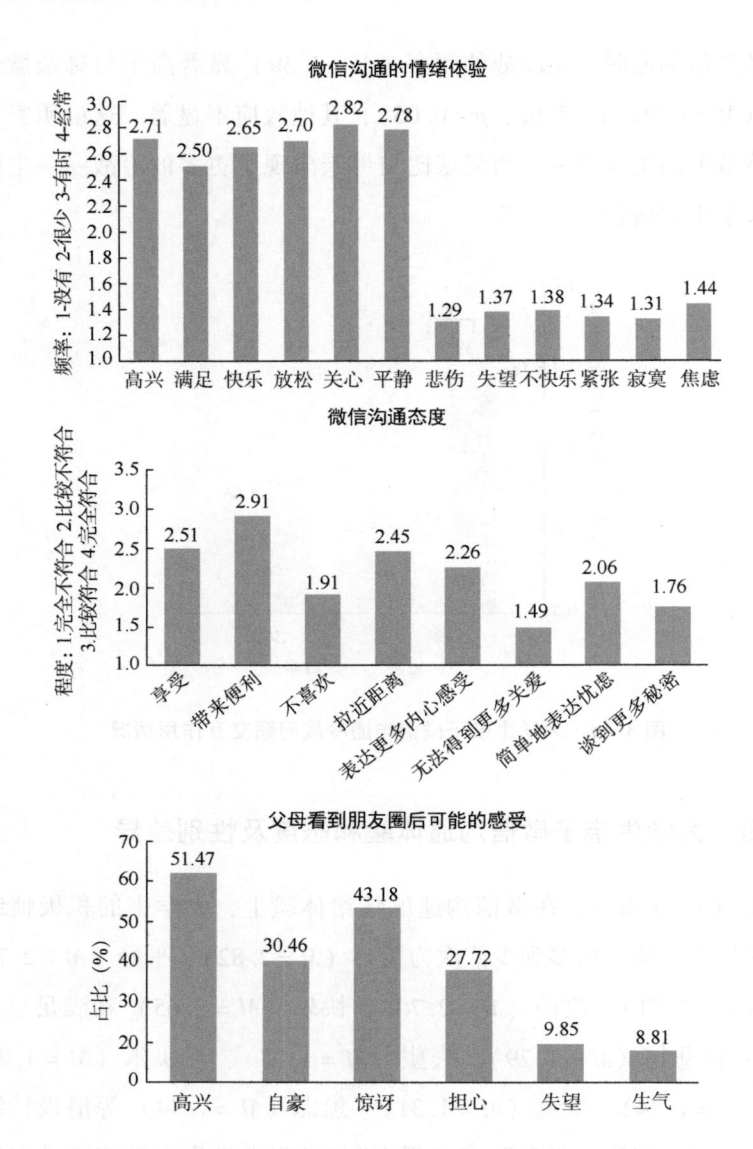

占比（%）

高兴	自豪	惊讶	担心	失望	生气
51.47	30.46	43.18	27.72	9.85	8.81

图 3-5 大学生亲子微信沟通体验和态度

喜欢微信沟通（$M=1.91$）、微信沟通中无法得到更多关爱（$M=1.49$）的消极态度比较不认同。此外，大学生也比较不认同微信沟通能谈到更多秘密（$M=1.76$）。说明大学生对微信沟通的态度较为中性。

在父母看到朋友圈后可能的感受上，大学生推测父母的感受从多到少分别为高兴（51.47%）、惊讶（43.18%）、自豪（30.46%）、担心（27.72%）、失望（9.85%）和生气（8.81%）。说明大学生认为父母在看到自己朋友圈内容之后的情绪反应偏积极。

对亲子微信沟通体验和态度进行子女性别2（男生 vs. 女生）×家长性别2（父亲 vs. 母亲）的方差分析，见表3-4。在微信沟通的情绪体验上，家长性别的主效应在关心上显著，大学生与父亲微信沟通时体验到的关心（$M=2.69$）少于母亲（$M=2.95$；$F=7.62$，$p<0.01$，$\eta_p^2=0.15$）。在微信沟通态度中，子女性别的主效应在不喜欢的态度上显著，男生（$M=2.24$）比女生（$M=1.58$；$F=9.07$，$p<0.01$，$\eta_p^2=0.17$）更不喜欢和父母微信沟通；家长性别的主效应在带来便利上显著，大学生认为与父亲微信沟通带来便利的程度（$M=2.72$）低于与母亲（$M=3.11$；$F=6.94$，$p<0.05$，$\eta_p^2=0.13$）的。

表3-4　　　　　　　　大学生亲子微信沟通体验和态度

题目内容		性别		父母	
		男生	女生	父亲	母亲
微信沟通的情绪体验（1 没有—4 经常）	高兴	2.70	2.72	2.74	2.69
	满足	2.42	2.59	2.45	2.56
	快乐	2.65	2.64	2.52	2.77
	放松	2.69	2.71	2.61	2.79
	关心	2.79	2.84	2.69[a]	2.95[b]
	平静	2.66	2.90	2.79	2.77
	悲伤	1.32	1.26	1.27	1.31
	失望	1.42	1.33	1.31	1.44

续表

题目内容		性别		父母	
		男生	女生	父亲	母亲
微信沟通的情绪体验 （1 没有—4 经常）	不快乐	1.35	1.42	1.40	1.37
	紧张	1.38	1.30	1.33	1.35
	寂寞	1.38	1.24	1.31	1.31
	焦虑	1.49	1.39	1.46	1.42
微信沟通态度 （1 完全不符合—4 完全符合）	享受	2.48	2.54	2.38	2.64
	带来便利	2.75	3.08	2.72[a]	3.11[b]
	不喜欢	2.24[a]	1.58[b]	1.92	1.90
	拉近距离	2.55	2.36	2.35	2.55
	表达更多内心感受	2.45	2.08	2.13	2.40
	无法得到更多关爱	1.59	1.40	1.45	1.54
	简单地表达忧虑	2.04	2.08	2.02	2.10
	谈到更多秘密	1.86	1.67	1.62	1.91
父母看朋友圈后可能的感受（%）	高兴	52.94	51.33	50.00	51.61
	自豪	38.24	25.56	27.42	30.65
	惊讶	41.18	44.44	46.77	40.32
	担心	20.59	32.22	25.81	32.26
	失望	8.82	11.21	6.45	12.90
	生气	8.82	7.78	6.45	9.68

注：a、b 表示列变量之间存在显著差异。

此外，子女性别和家长性别的交互作用在高兴的情绪体验（$F = 10.37$，$p < 0.01$，$\eta_p^2 = 0.19$）和不喜欢微信沟通的态度（$F = 6.72$，$p <$

0.05,$\eta_p^2=0.07$)上显著,简单分析结果如图 3-6 所示:与和母亲($M=3.06$)微信沟通相比,女生在和父亲($M=2.56$)微信沟通时体验到高兴的频率更低;与和母亲($M=1.32$)微信沟通相比,女生不喜欢与父亲($M=1.71$)微信沟通的态度更突出。

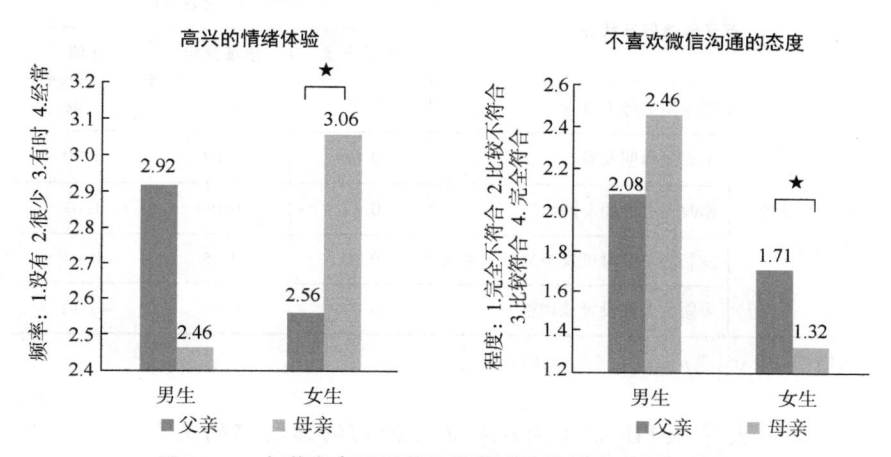

图 3-6 大学生亲子微信沟通体验和态度交互作用情况

五 大学生线下亲子沟通和线上亲子沟通的关系

将 FtF 沟通总体频率和涉及不同内容的 FtF 沟通频率求均值,作为 FtF 沟通质量的指标($M=2.04$,$SD=0.42$)。再按照中位数分组的方法将大学生分成 FtF 沟通质量低和 FtF 沟通质量高两组。本部分将通过分析上述两组在亲子微信好友状态、微信沟通特征,以及微信沟通体验和态度三方面的组间差异,来探索大学生亲子 FtF 沟通和微信沟通之间的关系。

(一)大学生 FtF 亲子沟通和微信好友状态的关系

由表 3-5 可知,亲子 FtF 沟通质量高低两组在微信好友状态上存在差异:在好友后朋友圈设置中,FtF 沟通质量低组未特别设置或调整($M=0.37$)的比例显著低于 FtF 沟通质量高组($M=0.58$;$t=-1.91$,$p<0.05$),在其他微信好友状态上均不存在组间差异。由此可以看出,

拥有低线下亲子沟通质量的大学生子女更倾向于调整朋友圈设置，对父母隐藏朋友圈。

表3-5 亲子FtF沟通质量高低两组在亲子微信好友状态上的差异分析

亲子微信好友状态		亲子FtF沟通质量		
		质量低组	质量高组	t 值
好友后朋友圈设置(0否,1是)	朋友圈父母不可看	0.25	0.15	1.08
	不看父母朋友圈	0.08	0.02	1.30
	删改发过的朋友圈	0.17	0.08	1.03
	发新朋友圈时设置为父母不可见	0.35	0.35	0.04
	未做过上述设置或调整	0.37	0.58	-1.91^*

注：$^* p<0.05$，$^{**} p<0.01$，$^{***} p<0.001$。

（二）大学生FtF亲子沟通和亲子微信沟通特征的关系

由表3-6可知，FtF沟通质量高低两组在微信沟通特征上存在差异：在微信沟通主动性上，FtF沟通质量低组的主动性得分（$M=2.20$）显著低于FtF沟通质量高组（$M=2.48$；$t=-2.19$，$p<0.05$）；在微信沟通问题上，FtF沟通质量低组（$M=1.23$）冷战的频率显著高于FtF沟通质量高组（$M=1.17$；$t=2.10$，$p<0.05$）在其它亲子微信沟通特征上不存在组间差异。说明与亲子FtF沟通质量高的大学生相比，亲子FtF沟通质量低的大学生微信沟通主动性更低，在和父母微信沟通中感受到更多冷战。

表3-6 亲子FtF沟通质量高低两组在亲子微信沟通特征上的差异分析

亲子微信沟通特征	亲子FtF沟通质量		
	质量低组	质量高组	t 值
沟通主动性(1父母,2差不多,3青少年)	2.20	2.48	-2.19^*

续表

亲子微信沟通特征		亲子 FtF 沟通质量		
		质量低组	质量高组	t 值
微信沟通问题 （1 从不—4 经常）	争吵	1.34	1.32	-1.00
	误解	1.40	1.39	-0.05
	冷战	1.23	1.17	2.10*
	敷衍	1.19	1.18	-0.06

注：*$p<0.05$，**$p<0.01$，***$p<0.001$。

（三）大学生 FtF 亲子沟通和亲子微信沟通体验与态度的关系

由表 3-7 可知，在亲子微信的情绪体验上，FtF 沟通质量低组体验到高兴（$M_{低}=2.43$，$M_{高}=2.95$；$t=-2.80$，$p<0.01$）、满足（$M_{低}=2.27$，$M_{高}=2.80$；$t=-2.94$，$p<0.01$）、快乐（$M_{低}=2.27$，$M_{高}=2.97$；$t=-3.50$，$p<0.01$）、放松（$M_{低}=2.45$，$M_{高}=2.92$；$t=-2.44$，$p<0.01$）和关心（$M_{低}=2.45$，$M_{高}=3.17$；$t=-3.44$，$p<0.01$）等积极情绪的频率均显著低于 FtF 沟通质量高组。FtF 沟通质量低组体验到悲伤的频率（$M=1.48$）显著高于亲子 FtF 沟通质量高组（$M=1.12$；$t=2.93$，$p<0.01$）。

在微信沟通态度中，FtF 沟通质量低组在享受亲子微信沟通（$M_{低}=2.33$，$M_{高}=2.72$；$t=-1.94$，$p<0.05$），在微信亲子沟通中可以拉近距离（$M_{低}=2.18$，$M_{高}=2.65$；$t=-2.27$，$p<0.05$）和谈到更多秘密（$M_{低}=1.47$，$M_{高}=2.03$；$t=-2.41$，$p<0.05$）的态度上评分均显著低于 FtF 沟通质量高组。

在父母看到朋友圈后可能的感受上，亲子 FtF 沟通质量高低两组之间并没有显著的组间差异。

上述结果表明，比起亲子 FtF 沟通质量高的大学生，FtF 沟通质量低的大学生对微信沟通的情绪体验和态度都更为消极。

表 3-7 亲子 FtF 沟通质量高低两组在微信沟通体验与态度上的差异分析

亲子微信沟通体验与态度		亲子 FtF 沟通质量		
		质量低组	质量高组	t 值
微信沟通的情绪体验（1 没有—4 经常）	高兴	2.43	2.95	-2.80**
	满足	2.27	2.80	-2.94**
	快乐	2.27	2.97	-3.50**
	放松	2.45	2.92	-2.44**
	关心	2.45	3.17	-3.44**
	平静	2.70	2.88	-0.73
	悲伤	1.48	1.12	2.93**
	失望	1.35	1.45	-0.59
	不快乐	1.40	1.45	-0.29
	紧张	1.33	1.35	-0.12
	寂寞	1.23	1.32	-0.60
	焦虑	1.45	1.48	-0.19
微信沟通态度（1 完全不符合—4 完全符合）	享受	2.33	2.72	-1.94*
	带来便利	2.90	3.10	-0.93
	不喜欢	1.63	1.90	-1.21
	拉近距离	2.18	2.65	-2.27*
	表达更多内心感受	2.00	2.32	-1.42
	无法得到更多关爱	1.52	1.40	0.59
	简单地表达忧虑	1.88	2.23	-1.63
	谈到更多秘密	1.47	2.03	-2.41*

续表

亲子微信沟通体验与态度		亲子 FtF 沟通质量		
		质量低组	质量高组	t 值
父母看到朋友圈后可能的感受（0 否,1 是）	高兴	0.61	0.58	0.08
	自豪	0.42	0.38	0.99
	惊讶	0.45	0.47	-0.53
	担心	0.19	0.18	0.01
	失望	0.07	0.08	-0.16
	生气	0.08	0.06	0.36

注：$^{*}p<0.05$，$^{**}p<0.01$，$^{***}p<0.001$。

第四节　大学生与父母微信沟通现状调查的发现与启示

一　大学生亲子微信沟通现状

本研究通过问卷调查考察了大学生—父母的微信好友状态、微信沟通特征（沟通主动性、沟通问题、信息载体）、微信沟通态度和体验，以及微信沟通与 FtF 沟通的关系四方面的亲子微信沟通现状。在微信好友状态上，99％的大学生通过主动或被动添加的方式与父母成为微信好友，没有大学生拒绝与父母成为好友。在与父母成为好友后，六成大学生不会对朋友圈内容做特别的设置或调整，近九成大学生不会改变发朋友圈的数量，但即便如此，仍有七成以上的大学生会或多或少地对父母隐藏自己的朋友圈内容。在微信沟通特征上，大学生和父母在发起微信沟通的主动性程度上相当。亲子微信沟通问题中发生争吵、误解、冷战和敷衍的频率较低。在信息载体上，亲子双方使用最多的载体都是文字，但大学生使用频率高的还有图片和表情符号，父母则会更多地使用语音信息。在微信沟通态度和体验方面，大学生在微信亲子沟通中体验到关心、高兴等积极情绪的频率较高，体验到焦虑、寂寞等消极情绪的频率较低。大学生对微信亲子沟通的态度较为中性，一方面他们认为微信沟通可以带来便利，但另一方面他们也认为微信不适合用来谈论秘密。此外，大学生推测父母看自己朋友圈之后的感受会以高兴、惊讶和自豪为主，但同时也伴有一定程度的担心。

二 大学生亲子微信沟通的影响因素

（一）子女性别

比起男孩，女孩和父母成为微信好友的比例更高，也更不会在和父母成为好友后改变发朋友圈的数量。此外，女孩会在和父母沟通时使用更多的表情符号，对于亲子微信沟通的消极态度也更少。这与以往研究发现的女孩与父母的沟通频率和次数比男孩更高（Abar, et al., 2013; Finkenauer, et al., 2002; Small, et al., 2011; Soenens, et al., 2006; Vijayakumar, et al., 2020）的一般结果相一致，但在对亲子沟通的态度上，本研究结果与以往研究相反——以往研究报告了女孩对亲子沟通的满意度比男孩更低（王丽娟等，2009）。这可能与进入大学阶段后，女孩比男孩更认同亲子沟通的价值有关（张颖，2008）。

（二）家长性别

大学生与母亲的微信沟通状况优于父亲。比起父亲，大学生与母亲发生冷战的频率更低；母子双方比父子双方在沟通中会使用更多的多媒体载体；大学生与母亲沟通时体验到更多的关心，也认为母子沟通给自己带来了更多便利。这与以往对亲子沟通的研究结果一致：青少年与母亲的线上沟通比与父亲的线上沟通更频繁（Rudi, et al., 2015b），认为与母亲的沟通比与父亲的沟通更令人满意（刘宁等，2005）。这可能与母亲更高的沟通积极性有关。以往研究认为，家庭中女性常常作为沟通的发起者，对沟通内容更感兴趣，更开放，更能理解和包容沟通对象，也更能达成一致意见（单蓉，2009）。

三　大学生亲子微信沟通与亲子 FtF 沟通的关系

本研究考察了 FtF 沟通质量高、低两组在亲子微信好友状态、微信沟通特征以及微信沟通体验和态度三方面的组间差异，结果发现，FtF 质量低的大学生在亲子微信沟通上情况也更差。比起亲子 FtF 沟通质量高的大学生，FtF 质量低的大学生沟通主动性更低，察觉到更多冷战，对微信沟通的情绪体验和态度都更为消极。该结果在研究 1a 的基础上，进一步支持了"富者更富"模型——亲子 FtF 沟通质量高的大学生，亲子微信沟通的质量也更高。

第五节　中学生与大学生亲子微信沟通现状对比

一　中学生与大学生在亲子微信沟通上的共同点

首先，中学生和大学生对微信亲子沟通的体验和态度均较为积极。中学生和大学生均在亲子微信沟通中体验到了较多的积极情绪和较少的消极情绪，他们对亲子微信沟通的态度都偏正向，尤其体现在认同亲子微信沟通可以带来便利这一点上。这一方面与微信的强大即时通信功能有关（罗珍珍，2019），另一方面也与微信较为平等轻松的沟通氛围有关（王箬茗等，2018），子女能够借助微信快速而多样的回应形式，在一定程度上拉近亲子距离，提高亲密度，优化微信亲子沟通体验。

其次，中学生和大学生与母亲的微信亲子沟通状况均优于父亲。在中学生样本中，母亲能看到的子女朋友圈比例更高，中学生与母亲微信沟通时的情绪体验更强烈，对和母亲的微信沟通的态度也更积极；在大学生样本中，大学生与母亲沟通时发生冷战的频率更低，双方会发送更多的多媒体载体，大学生能在沟通中体验到更多的关心，也认为沟通带来了更多便利。这可能源自母亲在亲子沟通中普遍担任着主要的情感维系者的角色，她们比父亲更擅长理解等沟通技能，会让子女体验到更多的亲密，也能更好地满足子女的情感需求（李瑾、徐燕，2016；金子莘，2018）。

最后，中学生和大学生的亲子微信沟通与FtF沟通的关系均支持了"富者更富"假设。FtF沟通质量低的中学生会更多地对父母隐藏朋友圈内容，在沟通中更不主动，感受到更多的敷衍，对微信亲子沟通的情绪体验、态度以及推测父母对自己朋友圈的感受都更为消极；FtF沟通质量低的大学生沟通主动性更低，知觉到更多冷战，对微信沟通的情绪体验和态度都更为消极。这与之前的研究结果相一致：微信中最主要的人际互动对象是家人、恋人和亲密朋友，微信所建构的线上社会进一步促进了现实生活中的传统的人际关系的形成和发展（胡春阳、周劲，2015）。

二　中学生与大学生在亲子微信沟通上的差异

首先，大学生对朋友圈的隐藏多于中学生。对朋友圈的内容做过设置或调整的大学生和中学生比例分别为六成和一成，对父母屏蔽部分或全部朋友圈内容的大学生和中学生比例分别为七成和五成。前人研究同样发现，有超过一半的年轻子女（10—25岁）选择在朋友圈屏蔽父母，将父母拒之"圈"外（李闻、冯锐，2016）。但大学生对自身朋友圈的"管理"明显更多，这可能是由于子女的青春期晚期正是发展家庭隐私边界的关键时期，一方面，子女在这个时期往往远赴异地求学或工作，异地隔绝了父母的过度管教。而子女在求学、工作、择偶过程中，世界观、人生观、价值观遭受了剧烈的变动，个人独立意识有所成长，更需要有自己的独立空间。另一方面，这个阶段的子女更加懂得体谅父母，他们的沟通方式也更加委婉，更懂得站在父母的角度去考虑问题。因此，控制父母知晓自己不愿意让他们知晓的信息，回避直接冲突也成为子女设立隐私边界的重要考虑因素之一（吴海谧，2017）。

其次，中学生在亲子微信沟通中使用的多媒体载体比大学生更多。在亲子微信沟通中，大学生会比中学生更多地使用文字信息，而在语音、表情符号、图片、视频等多媒体信息上，中学生使用得则比大学生更多。一方面，这可能与大学生与父母更为平等的关系有关——他们与父母的沟通中会有更多的基于文字的讨论协商，另一方面，这可能也与大学生更懂得体谅父母，会更多地采用父母最习惯的文字沟通的方式有关（吴海谧，2017）。

最后，中学生对亲子微信沟通的态度和情绪体验比大学生更为积极。虽然大学生和中学生对微信亲子沟通的总体态度和情绪体验都偏积极，但中学生报告的积极程度比大学生更高。这种态度上的年龄差异可能与大学生对事物和自身情绪的认识比中学生更全面有关；除此之外，以往研究还发现，随着青春期走向中后期阶段，青少年对亲子关系的理解也会越来越深刻，他们在向父母表露内心的情感和心声时会更多地有所保留（汤雯，2019），这可能也会影响他们对亲子沟通的态度和体验。

第四章 父母—青少年微信沟通行为的量化分析

第一节 亲子沟通的主要研究方法及评价

一 亲子沟通的经典研究方法

（一）自我报告问卷

线下亲子沟通一直是亲子沟通的主要研究领域。现有研究中对亲子沟通的测量主要采用自我报告法，早期的亲子沟通研究多采用 Mcleod 和 Chaffee（1972）编制的家庭沟通图式量表（Family Communication Pattern，FCP）。后续，Ritchie 和 Fitzpatrick（1990）在该量表的基础上，进一步编制了家庭沟通图式量表修订版（Revised Family Communication Patterns，RFCP），该量表包含 26 个项目，测量了家庭沟通模式的两个基本维度：对话取向（15 个项目，条目例如"我鼓励孩子去挑战我的看法和信念"）和服从取向（11 个项目，条目例如"当涉及一些比较重要的事情的时候，我希望孩子能顺从我的观点"）。直至今日，仍有研究者在广泛使用 FCP（Watts and Hovick，2023；Szkody and McKinney，2021；Tadpatrikar, et al., 2021），或继续对 FCP 进行修订（Gupta and

Geetika，2019；Wilson，et al.，2014）。

目前亲子沟通测量中使用较为广泛的、比较权威的量表是由 Barnes 和 Olson 于 1982 年编制、1995 年修订的父母—青少年沟通量表（Parent - Adolescent Communication Scale，PACS）。近期数据表明，75% 的亲子沟通研究均使用了父母—青少年沟通量表（Zapf，et al.，2023），该量表包括两个分量表——开放性沟通和问题性沟通，两个维度各包含 10 个条目。其中，开放性沟通是指父母和子女间能够自由地交流信息，表达情感，例如"我父亲/母亲总是一个好的倾听者"；而问题性沟通则是指亲子之间的沟通存在一定障碍，或者避免某些话题的讨论，例如"有些话题我避免与母亲/父亲讨论"。该量表既可以请父母填答，也可以请子女回答，父母版和儿童版除更改指称词（我的母亲/父亲/女儿/儿子）之外完全相同。国内学者安伯欣（2004）和池丽萍（2011）在 Barnes 和 Olson 基础上根据国人的语言习惯进行了本土化的翻译与修订，形成了父母—青少年沟通中文版量表。

目前，线上亲子沟通研究大多沿用了线下亲子沟通的问卷和量表，线上亲子沟通特有的自我报告工具尚处于起步阶段，有关该变量的测量问卷也相对较少，主要包括社交网站上的家庭互动问卷（Inventory of Family Interactions on SNS）（Coyne，et al.，2014）和家庭媒体使用问卷（Inventory of Family media use）（Padilla - Walker，et al.，2012）等，而这些量表基本都只侧重于对线上亲子沟通的量的特征（频率或时长）的考察。社交网站上的家庭互动问卷由 Coyne 等（2014）编制，仅包含一个题目："你在社交网站上和父亲/母亲/子女进行互动的频次是"。采用 6 点李克特计分，"1"表示"从来没有"，"6"表示"每天多次"。家庭媒体使用问卷是 Padilla - Walker 等（2012）编制的，总共包含 6 个题目，分别测量父母双方和青少年对电视、电子邮件、社交网站等 6 种媒体的共同使用频次，如测量青少年与其父母在社交网站进行亲子沟通的题目为"你和父亲/母亲/子女一起使用社交网站的频次是"。该量表同样采用6点计分。中国学者在此基础上，结合我国网络使用的具体情况，编制了我国线上亲子沟通的测量工具。比如，牛更枫等（2019）在研究中将家庭互动问卷修改为"你与父母通过网络沟通工具（如QQ和微信等）进行（文字/语音/视频）沟通的频率怎样"。

（二）观察法

观察法也是线下亲子沟通的主要研究方法，在采用观察法进行亲子沟通的研究时，研究者通常会设置一些任务情境，并探究这些任务情境中反映出的亲子沟通特点。常用的任务情境有三种：认知任务、社会性任务以及自由活动（池丽萍、俞国良，2010）。其中，认知任务通常设置为对于子女而言较为复杂的任务，或无法在规定时间内独立完成的任务，如迷宫找捷径任务（Dumas and LaFreniere, 1993）、七巧板拼图任务（Hudson and Rapee, 2001）、配对卡牌任务和猜字任务（Lekhuleni, et al., 2023）等。这些对子女而言难度较大的任务能够最大限度地激发亲子互动，进而得以在短时间内尽可能展示出日常生活中的亲子沟通过程。此外，常用的社会性任务情境包括一起制定度假计划、社会冲突情景讨论、模糊情节故事讲述与讨论、亲子冲突事件讨论等（Root and Jenkins, 2005）。这类社会性任务能够通过引发亲子之间观点的交流来模拟日常情境中的亲子沟通过程。最后，自由活动任务情境在研究中使用较少，虽然其在一定程度上更能反映真实的沟通情况，但自由活动任务由于无法控制亲子沟通的内容和深度，以及很难引发出更深层的沟通模式，因而很难从其中总结出具有普适性的亲子沟通特点及问题（Van Ingen, et al., 2008）。

（三）访谈法

访谈法是研究者通过与研究对象进行口头交谈的方式来收集对方有

关心理特征和行为数据资料的一种研究方法。与自我报告法相比，访谈法更加灵活，存在更大的对意义进行解释的空间；与观察法相比，访谈法可以了解参与者无法被观察到的所思所想。因此，访谈法也是线下亲子沟通的主要的研究方法。访谈法在亲子沟通研究中的应用以半结构化访谈为主，主要研究内容为亲子沟通现状和亲子沟通的影响因素（房超、方晓义，2003）。

温馨（2014）通过对青少年和父母进行访谈，试图深入了解亲子沟通的真实状况。该研究重点聚焦于亲子沟通现状和亲子沟通的影响因素两大方面。其中，亲子沟通现状被分为一般特点、沟通良好的表现和沟通问题的表现三部分。一般特点包括沟通内容、沟通主动性和沟通频率和时间；亲子沟通良好的表现包括亲子沟通中良好的主体感受、丰富多彩的沟通话题，以及灵活多变的沟通方式；亲子沟通问题的表现包括亲子沟通中主体感受不良、单一乏味的沟通话题、家长式的沟通态度和不良的表达方式。按照沟通主体的不同，亲子沟通的影响因素也被划分为亲子沟通的主体——父母方面与子女方面，以及非亲子沟通的主体—家庭环境方面三部分。其中，亲子沟通的主体—父母方面的影响因素包括性别角色差异、父母的性格特点、教育观念、教育方式、沟通能力、个人生活经历、工作压力、父母与孩子的代际差异、过往事件引发的心理隔阂等；亲子沟通的主体—子女方面的影响因素则包括子女的性别、性格特点、年龄阶段特征、沟通能力、学习压力、与父母的关系等。

彭金慧（2019）通过访谈的方式，深入调查了初中生家庭亲子沟通的现状。该研究将从访谈法中归纳总结的亲子沟通现状分为一般特点、正向沟通和负向沟通三部分。其中，一般特点包括沟通话题、沟通时间和频率，以及沟通主动性三大方面；正向沟通包括良好氛围、积极态度、话题丰富、方式多变等特点；负向沟通则包括不良氛围、消极态度、话题单一、技巧欠缺等特点。

林贞（2013）基于访谈发现，大学生与父母关于学习责任心的沟通包括沟通内容、沟通的情感交流、父母表达方式、沟通氛围、子女对父母学习责任心教育的接受过程等五个方面。

访谈法在亲子沟通中的应用，除了上述对不同年龄青少年的亲子沟通状况的了解之外，近些年还有许多研究聚焦于留守儿童（周帆，2022；田雨阳，2021）、流动儿童（季燕、张伊然，2021；鲁晨叶，2021）、单亲家庭（白永贤，2022；肖雪梅，2022）、离异家庭（宋仕炜，2023）等特殊情况下的亲子沟通现状和问题表现以及原因。

二 对亲子沟通研究方法的评价

自我报告法在亲子沟通中具有一些独特的优势，如采用自评的方式可以帮助研究者更好地得知被试的主观感受，迅速地把握亲子沟通中抽象的、稳定的特征和模式，研究的时间和人力成本较低等。迄今为止，关于线上亲子沟通的研究数据大多来源于自我报告法。Tadpatrikar 等（2021）对 1990—2020 年发表的关于 ICT 与家庭功能关系的文献进行综述，在纳入考量的 20 篇实证研究中，主要采用问卷进行调查研究的有 14 篇（其中 12 篇是横断研究），3 项研究采用了访谈与问卷相结合的方法，2 项研究采用比较组，还有 1 项采用随机对照前后测实验——在这 3 项中也同样采用问卷收集了部分数据。也就是说，20 篇线上亲子沟通相关的实证研究全部用到了自我报告法收集的数据。Carvalho 等（2015）对 1998—2013 年发表的关于 ICT 与家庭功能关系的文献进行综述，同样发现纳入考量的 33 篇线上亲子沟通相关的实证研究全部采用了自我报告法。

然而，基于自我报告法获得的数据存在着一定的局限。首先，自我报告可能会产生基于报告员的各种偏差。个体报告的结果可能受到自身的内省能力、感知、情绪、满意度等多种因素的影响。研究发现，由于满意度、感知等存在差异，父母与子女报告的亲子沟通的具体情况并不相同。Barnes 和 Olson（1985）对 426 个家庭中亲子沟通状况的研究发现，青少年认为与父亲、母亲的沟通都缺乏开放性和存在更多沟通问题。但与青少年相比，父亲和母亲都认为自己与青少年有较为开放的沟通，沟通中存在的问题也更少。其次，父母和青少年报告对方的情绪和行为之间的一致性也往往较低（Herber, et al., 2017）。并且有研究表明，当用父母的自我报告与直接观察到的父母养育的客观测量相对比时，大多数父母报告出的他们的养育方式会比实际情况更糟糕（Rajyaguru, et al., 2019）。最后，自我报告法缺乏对沟通目标和具体行为特征的区分。一般情况下，沟通存在其目的，如解决问题、协调日程或交流感情等，而沟通行为特征则是指亲子之间沟通的典型的行为特点，可能是无意识的习惯性的行为，也可能是为了达成目的而进行的有意识的行为，而现有的自我报告法量表还无法做到对二者进行很好的区分（池丽萍、俞国良，2010）。

观察法的最大优势在于，能保持被观察者的心理表现的自然性和客观性，使研究者能够获取到比较真实的数据。但观察法的局限在于，第一，无法将观察法获得的数据完全等同于真实的沟通情况。因为在特定的任务情境之下所获得的数据具有偶然性与片段性的特点，并且观察得到的结果无法复核，更无法揭示现象间存在的必然联系。因此，适合用观察法来收集的变量和数据类型比较受限，一般而言，观察法只适用于那些能够重复出现或变化过程不太急剧的心理现象的发生过程，而这又进一步加剧了观察数据与实际情况之间的差异（陈宏，2006）。第二，由于观察法强调对双方自然的沟通模式进行考察，缺乏对被观察者的行为的控制，因此，观察者可能大多处于消极等待的被动状态，难以控制研究现象的出现。所以很可能出现研究者投入了大量的时间精力，结果却仅停留在表面现象或无法观察到预期沟通模式的情况。第三，亲子沟通的观察研究可能存在还原论思想。一方面，亲子沟通的观察研究通常是按照某个编码系统或分析维度对连续的沟通过程进行拆解，挑选编码系统中的行为或维度（如家长控制等）进行分析（Barrett, et al., 2005），是一个将连贯的亲子沟通过程肢解为单个的行为元素的过程。另一方面，观察法涉及对亲子沟通行为进行去背景的分析，即将亲子沟通行为与其发生的具体任务背景剥离开来，这也可能带来对于沟通行为界定和解释的偏差（Rubin, et al., 2001; Tenenbaum and Callanan, 2008; 池丽萍、俞国良，2010）。第四，观察法还存在着容易受环境条件的影响，容易出现观察者效应和被观察者偏差，难以获取定量化的精确数据进行精确分析等其他局限。

访谈法的优势在于，可以了解受访者的思考过程以及其细微的心理变化。首先，访谈法具有很强的目的性。研究者可以就自己想要了解的情况事先设计好问题，在访谈中有重点地进行了解。其次，访谈法还具有较强的灵活性。研究者可以根据设计好的问题进行提问，也可以在提问过程中，根据受访者的回答情况，随时转变询问思路，加以深入和拓展。与此同时，访谈法也存在着一定的局限，主要表现在以下三个方面。第一，访谈法易受主观因素影响。受访者在访谈过程中会因为对某一问题的主观认识而影响对结论的判断。第二，受访者在访谈中还可能存有一定的警惕性，出现故意隐瞒或不愿对某一问题进行深入或真实阐述的情况（蓝青，2011）。第三，访谈法的结果不确定性较大。除前述主观因素的影响，还可能存在期望效应，被访谈者无意识地引导影响等。最后，访谈法还存在耗时长、成本大、对访谈者要求高等限制其应用的特点（张瑾瑜，2021）。

在这样的背景下，获取实际的亲子线上沟通数据（线上聊天记录）在很大程度上可以避免上述三种方法的关键局限，使得研究者得以对日常自然状态下亲子间的线上沟通全貌加以清晰、准确的认识。这些一手的实际行为数据直接反映了亲子间具体的、真实的沟通过程，基于这些数据对亲子沟通的内容、氛围、情感表达、问题解决等方面的分析在很大程度上避免了自我报告或者访谈法中由于参与者的个人能力、态度以及社会赞许性等因素带来的偏差，同时又避免了观察法获取的数据具有偶然性和片段性，以及难以还原实际沟通的不足。然而，亲子线上沟通行为数据由于属于较为私密的个人信息，获取的难度也非常高，需要研究者特别注意保护参与者的隐私，在严密的数据匿名保护、充分的知情同意、合理的报酬、允许参与者随时退出等多种措施的共同保障下才可能得到参与者的配合。因此，本研究首次尝试获取了亲子微信沟通的实际行为数据，这对于亲子沟通，尤其是线上亲子沟通，在研究内容和方法上都具有独特的开创价值和拓展价值。

在获取亲子微信沟通实际行为数据的基础上，本研究将重点分析沟通数据的量的特点，具体而言，本研究将考察以下两方面的问题：第一，中学生与父母在微信平台上的实际沟通行为在数量上有哪些特征；第二，子女性别、家长性别对中学生亲子实际微信沟通行为的数量特征有何影响。

第二节 父母—青少年微信沟通行为数据的获取与量化

一 参与者

本研究采用方便取样、目的性取样以及滚雪球取样相结合的取样方法，招募参加心理学课程的学生参加培训作为研究主试，然后再由研究主试广泛招募10—18岁平时会与父母在微信上沟通的青少年为研究参与者。

本研究共招募到符合条件的青少年215名，其中提供了至少一份亲子微信沟通内容的有效参与者为206名。有效参与者的平均年龄为

15.83 岁（$SD = 1.67$），其人口统计学信息见表 4-1。

表 4-1　　　　有效参与者人口统计学信息（N = 206）

人口学变量	类别	人数	百分比(%)
性别	男	55	26.70
	女	151	73.30
年龄	10—12 岁	8	3.88
	13—15 岁	69	33.50
	16 岁及以上	129	62.62
年级	小学	9	4.37
	初中	68	53.01
	高中	129	62.62
是否为独生子女	是	70	33.98
	否	136	66.02
住宿情况	住读	96	46.60
	走读	110	53.40
家庭结构	完整家庭	180	87.38
	父母离异—与父亲住	9	4.37
	父母离异—与母亲住	14	6.80
	其他	3	1.46

二　研究流程

完成知情同意程序后，主试将一对一协助参与者进行时间间隔为 4 个月的两次（T1 和 T2）微信聊天数据收集，两次数据收集流程完全相同：主试线上联系参与者，确保参与者处于安静不被打扰的环境下，然后请参与者添加课题组微信号，并进一步协助参与者通过微信转发功能，匿名向课题组微信号发送近一周内自己与父亲单独的微信聊天记录和自己与母亲的单独微信聊天记录，参与者转发的聊天记录如图4-1所示。

图4-1 亲子微信沟通聊天记录示例

两次数据收集均完成后，每位主试和每位参与者均将获得 50 元报酬作为感谢。

三 数据分析与处理

微信是一个集合多项功能的综合平台，支持用户采用文字、语音、表情符号、图片、视频、语音和视频通话等不同传播载体来传达信息，而不同载体的特点以及在沟通中起的作用不尽相同。比如，以往研究指出，语音和视频通话能够提升人际传播的亲切感，将现实生活中的人际交往情境最大限度地克隆于网络空间中，为用户带来"拟人际"传播体验（张长乐，2013）；丰富的表情符号则补充了文字媒介情感线索的缺失，使人们的表达方式更加灵活，意义传达更加贴切（向永心、姜文洁，2020）。此外，亲子沟通的主动性作为关键的人际动因，不仅是了解亲子沟通特点指标，也是衡量亲子关系的重要因素之一（房超、方晓义，2003；温馨，2014）。

因此，本研究在获得聊天记录后，对每位参与者提供的聊天记录按照信息传递的载体进行了分类计数。在 T1 和 T2 的数据中，都对不同沟通主体发送的文字、语音、通话、图片、视频、表情、链接、红包、文档数量进行分类计数，并求和得到其在沟通中发送的总信息数。同时，我们通过计算一周内（7 天）母子或父子聊天过程中，不同主体在每一天首次发起聊天的次数去作为其沟通主动性指标，主动总数最大值为 7，最小值为 0。上述各量化指标的具体编码方式见表 4-2。

表 4-2　　　　　　　　亲子微信沟通量化指标一览

指标类别	指标名称及来源
沟通的频次	一周内，父(母)子沟通中父(母)亲、子女各自发出的
	文字数；文字消息的条数
	语音数；语音消息的条数

续表

指标类别	指标名称及来源
沟通的频次	通话数:音视频通话的条数
	图片数:图片的数量
	视频数:视频的数量
	表情数:表情符号的数量
	链接数:分享链接的数量
	红包数:红包的数量
	文档数:文档的数量
	沟通总数:上述信息数之和
沟通的主动性	一周内,父(母)子沟通中父(母)亲、子女各自的
	主动总数:某天父(母)子沟通的第一条信息是由谁发出的,谁的主动数就记1,一周内的主动数之和

然后,我们对 T1 和 T2 的上述量化指标求均值,得到母子沟通中的母亲、母子沟通中的子女、父子沟通中的父亲、父子沟通中的子女四类沟通主体的上述 11 种量化指标。

使用统计软件 SPSS 26.0 对上述各量化指标进行描述统计、相关分析和差异分析。

第三节 父母—青少年微信沟通行为的量化分析

一 亲子微信沟通量化指标概览

母子沟通中的母亲、母子沟通中的子女、父子沟通中的父亲、父子沟通中的子女四类沟通主体在 11 种量化指标上的总体情况如图 4-2 所示，各变量的平均值和标准差见表 4-3。从图 4-2 可以看出，在一周的时间内，亲子微信沟通的总体频率较低，这与中学生周一到周五通常会被学校禁止使用手机有关。在不同的主体中，发送的信息总数最多的为母子沟通中的子女（$M=13.59$），其次为母子沟通中的母亲（$M=12.51$），发送的信息总数最少的为父子沟通中的父亲（$M=4.44$），其次为父子沟通中的子女（$M=5.85$）。这也说明了母子微信沟通总体而言比父子微信沟通更频繁，双方发送的信息都更多。从沟通的主动性来看，四大沟通主体在沟通主动性上的差异比较小，主动性从高到低依次为母子沟通中的母亲、母子沟通中的子女、父子沟通中的父亲和父子沟通中的子女。在不同的沟通载体中，文字是被使用得最多的，语音、通话、图片和表情次之，而视频、链接、红包和文档是被发送得最少的。之后还将通过进一步的差异检验来深入考察不同沟通主体以及不同载体之间的差异。

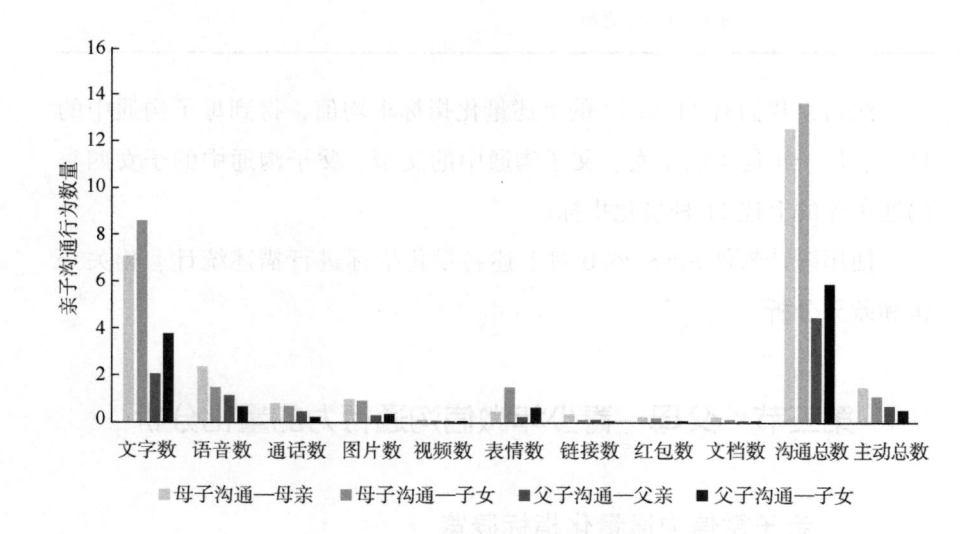

图 4-2 亲子微信沟通量化指标

表 4-3　亲子微信沟通量化指标的描述统计与差异分析结果

量化指标	平均值(标准差)				t 值				
	母子沟通		父子沟通		母子差异	父子差异	父母差异	子女差异	男女孩差异
	母亲	子女	父亲	子女					
文字数	7.02 (11.35)	8.58 (14.95)	2.04 (4.71)	3.77 (10.14)	-3.38**	-3.92**	-6.33**	4.92**	-1.95
语音数	2.34 (5.89)	1.47 (5.00)	1.16 (3.60)	0.67 (2.78)	4.47**	3.44**	-3.44**	3.17**	-0.75
通话数	0.77 (1.59)	0.68 (1.42)	0.43 (0.84)	0.24 (0.72)	0.96	3.89**	-2.88**	4.24**	-1.02
图片数	0.99 (1.87)	0.89 (1.65)	0.27 (0.64)	0.33 (1.01)	0.69	-0.86	-5.43**	5.42**	-3.12**
视频数	0.10 (0.35)	0.07 (0.29)	0.07 (0.28)	0.03 (0.16)	1.37	1.73	-1.04	1.73	-1.48
表情数	0.43 (0.93)	1.47 (4.28)	0.22 (0.70)	0.65 (2.43)	-3.68**	-2.80**	-2.61*	2.58*	-1.49
链接数	0.36 (1.37)	0.11 (0.30)	0.11 (0.40)	0.06 (0.25)	2.56*	1.96	-2.51*	2.33*	0.21
红包数	0.23 (0.64)	0.19 (0.57)	0.08 (0.26)	0.08 (0.24)	1.40	0.77	-3.11**	2.92**	1.70
文档数	0.23 (1.00)	0.13 (0.72)	0.05 (0.28)	0.02 (0.12)	1.36	1.73	1.38	2.10*	-1.49
沟通总数	12.51 (15.5)	13.59 (20.01)	4.44 (7.50)	5.85 (12.75)	-1.90	-6.93**	-7.60**	5.71**	-2.38*
主动总数	1.48 (1.29)	1.07 (0.99)	0.70 (0.95)	0.54 (0.88)	3.91**	2.00**	-7.31**	6.93**	-3.31**

注：* $p<0.05$，** $p<0.01$，*** $p<0.001$。

二 不同沟通主体的差异分析

在母子沟通中，母亲和子女量化指标的差异分析见表4-3。母亲发送的语音（$t=4.47$，$p<0.01$）和链接（$t=2.56$，$p<0.05$）的数量显著多于子女，母亲也比子女更加主动（$t=3.91$，$p<0.01$）。而子女发送的文字（$t=-3.38$，$p<0.01$）和表情（$t=-3.68$，$p<0.01$）的数量显著多于母亲。

在父子沟通中，父亲和子女量化指标的差异分析见表4-3。父亲发送的语音（$t=3.44$，$p<0.01$）和通话（$t=3.89$，$p<0.01$）的数量显著多于子女，父亲也比子女更加主动（$t=2.00$，$p<0.01$）。而子女发送的文字（$t=-3.92$，$p<0.01$）和表情（$t=-2.80$，$p<0.01$）的数量，以及沟通总数（$t=-6.93$，$p<0.01$）都显著多于父亲。

母亲和父亲量化指标的差异分析见表4-3。母亲发送的文字（$t=-6.33$，$p<0.01$）、语音（$t=-3.44$，$p<0.01$）、通话（$t=-2.88$，$p<0.01$）、图片（$t=-5.43$，$p<0.01$）、表情（$t=-2.61$，$p<0.05$）、链接（$t=-2.51$，$p<0.05$）、红包（$t=-3.11$，$p<0.01$）的数量全都显著多于父亲，母亲发送的沟通总数也多于父亲（$t=-7.60$，$p<0.01$）。母亲也比父亲更主动（$t=-7.31$，$p<0.01$）。

子女在和母亲沟通中和与父亲沟通中的差异分析见表4-3。子女和母亲沟通时发送的文字（$t=4.92$，$p<0.01$）、语音（$t=3.17$，$p<0.01$）、通话（$t=4.24$，$p<0.01$）、图片（$t=5.42$，$p<0.01$）、表情（$t=2.58$，$p<0.05$）、链接（$t=2.33$，$p<0.05$）、红包（$t=2.92$，$p<0.01$）、文档（$t=2.10$，$p<0.05$）的数量以及沟通总量（$t=5.71$，$p<0.01$）全都显著多和父亲沟通时。子女和母亲沟通时也比和父亲沟通时更主动（$t=6.93$，$p<0.01$）。

子女的性别差异分析见表4-3。女孩发送的图片（$t=-3.12$，

$p<0.01$）的数量显著多于男孩，女孩发送的沟通总数也多于男孩（$t=-2.38$，$p<0.05$），女孩也比男孩更主动（$t=-3.31$，$p<0.01$）。

三 不同载体使用频次的差异分析

对四大主体各自在 9 种载体上的使用情况进行差异分析，结果发现，在母子沟通中，母亲的载体使用差异表现为，文字＞语音＞通话＝图片＞表情＝链接＝文档＝红包＞视频（$ts \geq 2.49$，$ps<0.05$）。子女的载体使用差异表现为，文字＞语音＝表情＞图片＝通话＞文档＝链接＝红包＞视频（$ts \geq 2.00$，$ps<0.05$）。

在父子沟通中，父亲的载体使用差异表现为，文字＞语音＞通话＞图片＝表情＞链接＝视频＝红包＞文档（$ts \geq 1.98$，$ps<0.05$）。子女的载体使用差异表现为，文字＞表情＝语音＞图片＝通话＞链接＝红包＞视频＝文档（$ts \geq 2.10$，$ps<0.05$）。

可以看出，母亲和父亲在载体偏好上的情况比较类似，他们都向子女发送了最多的文字，其次为语音、通话和图片。但对子女而言，无论是在与母亲还是与父亲的沟通中，子女都表现出明显的对表情的偏好，其表情的发送次数都仅次于文字，与语音的数量无异。

四 亲子微信沟通量化指标的相关分析

母子沟通中各量化指标之间的相关情况见表 4-4。从表中的"母亲内部相关"可以看出，母亲发送的沟通总数与母亲发送的除链接和文档以外的其他载体的数量均呈显著正相关（$rs \geq 0.15$，$ps<0.05$），母亲的主动总数与母亲发送的除表情以外的其他载体的数量全部正相关（$rs \geq 0.17$，$ps<0.05$）。说明一个越主动发起对话的母亲，向子女发送各种载体的数量也会越多。

从表 4-4 的"子女内部相关"可以看出，母子沟通中，子女发送的沟通总数与子女发送的除文档以外的其他载体的数量均呈显著正相关（$rs\geqslant0.15$，$ps<0.05$），子女的主动总数与子女发送的除文档以外的其他载体的数量全部正相关（$rs\geqslant0.18$，$ps<0.01$）。说明一个越主动发起对话的子女，向母亲发送各种载体的数量也会越多。

从表4-4的"母亲—子女相关"可以看出，母子沟通中，母亲发送的信息总数与子女发送的除链接和文档以外的其他载体的数量均呈显著正相关（$rs\geqslant0.18$，$ps<0.05$），母亲的主动总数与子女发送的除链接和文档以外的其他载体的数量全部正相关（$rs\geqslant0.17$，$ps<0.05$），母亲和子女的沟通总数和主动总数两两之间均正相关（$rs\geqslant0.18$，$ps<0.01$）。说明一个与子女沟通越频繁、越主动发起对话的母亲，会接收到其子女发送的各种载体的数量也会越多，与其对话的子女也会更主动。

表4-4 母子微信沟通量化指标的相关分析结果

量化指标		文字数	语音数	通话数	图片数	视频数	表情数	链接数	红包数	文档数	沟通总数	主动总数
母亲内部相关	沟通总数	0.90**	0.58**	0.24**	0.45**	0.21**	0.40**	0.07	0.15*	0.05		
	主动总数	0.29**	0.17*	0.33**	0.42**	0.18**	0.11	0.36**	0.17*	0.24**	0.43**	
子女内部相关	沟通总数	0.93**	0.51**	0.29**	0.52**	0.22**	0.48**	0.15*	0.22**	0.06		
	主动总数	0.47**	0.27**	0.43**	0.46**	0.18**	0.22**	0.18**	0.29**	0.05	0.55**	
母亲—子女相关	沟通总数	0.86**	0.18*	0.18*	0.30**	0.19**	0.39**	-0.02	0.20**	-0.05	0.92**	0.29**
	主动总数	0.41**	0.22**	0.22**	0.18*	0.17*	0.32**	-0.05	0.30**	-0.03	0.47**	0.18**

注：* $p<0.05$，** $p<0.01$，*** $p<0.001$。

父子沟通中各量化指标之间的相关情况见表4–5。从表中的"父亲内部相关"可以看出，父亲发送的沟通总数与父亲发送的除视频和文档以外的其他载体的数量均呈显著正相关（$rs \geq 0.17$，$ps < 0.05$），父亲的主动总数与父亲发送的所有载体的数量全部正相关（$rs \geq 0.17$，$ps < 0.05$）。说明一个越主动发起对话的父亲，向子女发送各种载体的数量也会越多。

从表4–5的"子女内部相关"可以看出，在父子沟通中，子女发送的沟通总数与子女发送的除视频以外的其他载体的数量均呈显著正相关（$rs \geq 0.18$，$ps < 0.01$），子女的主动总数与子女发送的除视频、文档以外的其他载体的数量全部正相关（$rs \geq 0.26$，$ps < 0.01$）。说明一个越主动发起对话的子女，向父亲发送各种载体的数量也会越多。

从表4–5的"父亲—子女相关"可以看出，在父子沟通中，父亲发送的沟通总数与子女发送的除视频和文档以外的其他载体的数量均呈显著正相关（$rs \geq 0.18$，$ps < 0.05$），父亲的主动总数与子女发送的除视频、链接和文档以外的其他载体的数量全部正相关（$rs \geq 0.27$，$ps < 0.01$），父亲和子女的沟通总数和主动总数两两之间均正相关（$rs \geq 0.24$，$ps < 0.01$）。说明一个与子女沟通越频繁、越主动发起对话的父亲，会接收到其子女发送的各种载体的数量也会越多，与其对话的子女也会更主动。

表4–5　　　　　父子微信沟通量化指标的相关分析结果

量化指标		文字数	语音数	通话数	图片数	视频数	表情数	链接数	红包数	文档数	沟通总数	主动总数
父亲内部相关	沟通总数	0.83**	0.68**	0.50**	0.57**	0.05	0.26**	0.17*	0.27**	0.12		
	主动总数	0.29**	0.29**	0.57**	0.42**	0.19**	0.17*	0.34**	0.26**	0.31**	0.48**	

续表

量化指标		文字数	语音数	通话数	图片数	视频数	表情数	链接数	红包数	文档数	沟通总数	主动总数
子女内部相关	沟通总数	0.94**	0.42**	0.43**	0.60**	0.05	0.42**	0.36**	0.20**	0.18**		
	主动总数	0.59**	0.26**	0.46**	0.49**	0.07	0.29**	0.30**	0.32**	0.13	0.66**	
父亲—子女相关	沟通总数	0.83**	0.54**	0.33**	0.47**	0.01	0.24**	0.15*	0.18**	0.01	0.89**	0.25**
	主动总数	0.58**	0.34**	0.35**	0.34**	0.13	0.27**	0.12	0.30**	0.07	0.64**	0.24**

注：* $p<0.05$，** $p<0.01$，*** $p<0.001$。

第四节 父母—青少年微信沟通行为的量化分析的发现与启示

一 亲子微信沟通中的载体使用情况

由于中学生在校学习期间通常会被学校禁止使用手机，因此其与父母一周内的微信沟通次数总体较少，各主体发送的沟通总数均值在4.44（父子沟通中的父亲，为各主体发送的沟通总数中最少）到13.59（母子沟通中的子女，为各主体发送的沟通总数中最多）之间。

在各种载体中，父亲、母亲和子女使用最多的载体均为文字和语音，一方面是因为文字和语音沟通是微信最主要、最完善的功能，是微信使用人群的首选载体；另一方面是因为文字和语音各有其沟通优势。文字有利于语言组织，可供发送者反复编辑，对接受者而言，文字也更便于对方查看——接受者阅读时间更短，也不容易给接受者造成不便读取的困扰——因此对文字的偏好也从一定程度上反映了发送者为接收者着想的倾向。不仅如此,文字简单明了,方便保存和转发,特别适合于工具性沟通。而语音比起文字而言,最大的优势就在于能更利于表达情绪与情感,以及对发送者而言更加便利。由于语音当中包含纯文字中不存在的非言语线索(语音、语调、声音表情等),因此在表达富含情感的信息时会更加准确,更不容易造成误解。除此之外,语音在人们不方便打字或者寻求简单省事的情况下尤其适用,是一种对发送者而言成本更低,而对接受者而言成本更高的表达方式。

二 亲子微信沟通中的主体差异

除了亲子间的上述共同点之外,本研究也发现了沟通行为的亲子差异。父亲和母亲都比子女发送了更多的语音信息,父亲和母亲也都比子女更加主动地发起对话,而子女则比父亲和母亲发送了更多的文字和表情。除此之外,在父子对话中,子女发送信息的总量还多于父亲。这说明家长更偏好对发送者而言最为便捷的语音来沟通,而子女则更偏好使用可以反复编辑、受时空限制更小的文字来与父母沟通。

不仅如此,父母还表现出对通话(包括语音和视频通话)的偏好——其使用频次排在第三位,而子女则表现出明显的对表情的偏好——其使用频次排在第二位,与语音的数量无异。这说明集中时间的、渠道丰富性更强的、非延时的沟通是青少年的父母比较偏好的与子女的线上沟通方式。比起文字和语音这类零散的、碎片式的沟通方式,语音和视频通话为沟通双方提供了集中一段时间抛开其他事情,只专注于和对方沟通的机会,这有利于沟通质量和效率的提升,也更有利于对问题的更加深入的讨论。除此之外,语音和视频通话的渠道丰富性较强,尤其是视频通话,其渠道丰富性是微信的所有载体中最强的——除了语音语调之外,它还包含面部表情、身体姿态、周围环境等其他信息，因此特别适合对较为复杂的问题的交流。语音和视频通话比起文字和语音这类"留言式"的、不要求即时回复的信息而言，对互动的及时性要求更高，从而使得沟通过程中双方得以根据对方的及时反馈不断调整沟通内容，澄清双方意图，塑造沟通氛围。因此，综合而言，父母在文字和语音之外表现出的对语音和视频通话的偏好反映了父母对"连接式互动"和"对话式互动"（Yu, et al., 2017）的双重关注。Yu 等（2017）对 21—29 岁的成年人与其远距离的父母间的沟通情况进行了半结构化访谈，结果发现，成年子女与父母之间的微信互动主要包括以下两种模式——"对话式互动"和"连接式互动"。其中，对话式互动是指相对较长的谈话，人们在谈话中互相问候，通常需要提前为此留出时间；连接式互动则是指进行简短而频繁互动，不定时发起的对话或语音或文本信息。该研究还发现，父母发起的连接式互动主要是为了询问近况或者信息分享，而且在对话式互动之前，通常会有前置的连接式互动。

值得一提的是，子女还表现出更多地对表情的使用。在即时通信技术发达的今天，表情符号已经成了最流行的数字化表达形式，使用表情符号也已经成为一种重要的大众传播现象。以往研究表明，表情符号在线上沟通中发挥着独特的作用和功能。

首先，表情符号可以提升信息表达的准确性。在线上沟通中，误解常常发生。有研究表明表情符号经常被用于避免这种误解（Chen and Siu, 2016）。表情符号不仅富有趣味性，还可以提高所传达信息的准确性（Accuracy）。在信息中使用表情符号可以减少与所传播信息相关的潜在歧义（Derks, et al., 2008b; Ganster, et al., 2012; Riordan, 2017），增加信息的丰富性，帮助用户在更短时间内传递更多的信息（Huang, et al., 2008）。除此之外，表情符号还可以更好地反映个人的情绪和感受（Kaye, et al., 2017），使得人们能够更好地区分玩笑和其他类型的信息。Tossel 等（2012）的研究发现，使用表情符号可以帮助人们准确识别幽默，有助于读者更好地理解在线信息的情感内涵以及上下文。不过，表情符号对表达准确性的提升只有在信息不明确时才会发生（Walther and D'Addario，2001）。当一个消息是中性的或模棱两可时，表情符号可以成为澄清信息的唯一线索从而导致不同的认知，但如果该信息不是中立或含糊不清的，那么表情符号就可能是多余的（Luor, et al.，2010）。

其次，表情符号可以提升沟通效率。效率和便利性已成为影响用户选择表情符号的一个重要因素，这一点在青年群体中尤其明显（Chen and Siu，2016）。在网络空间中有效的交流通常需要人们将自己的面部表情和肢体语言可视化，因此，没有表情符号的消息可能会让信息变得难以理解。如在没有表情符号的情况下人们可能需要重新阅读来理解它们，或者需要发送者重新加以解释和澄清——这个过程会极大地影响沟通的效率，从而降低沟通的质量。

再次，表情符号可以提升沟通的愉悦程度。有研究表明，人们在日常生活中使用智能电子设备的频率越高，就越是认为表情符号能让谈话变得愉快。Rodrigues 和 Lopes（2017）的研究表明，加入一个表示悲伤的表情来加强被沟通对象伤害的感觉会让人们对这段关系更感兴趣，并进一步提高人们在交流中的享受程度。此外，表情符号还有助于使对话变得更加轻松和非正式，使自己表达出去的意思不那么严肃，更加友好，更加新奇有趣（Kaye, et al.，2017）。值得一提的是，沟通的享受感和表情符号使用之间并不是简单的单向关系，增强的享受感又会进一步加强个体之后使用表情符号的意愿和行为（Huang, et al.，2008）。

最后，表情符号还能对信息接收者的情绪产生积极的影响。Walther 和 D'addario（2001）的研究发现，在线情境下表情符号所表达的情绪情感与使用双方实际上的情感表达相同。因此表情符号可以传递情感信息，并在这个过程中影响信息接收者的感知方式（Derks, et al., 2008a；2008b；Ganster, et al., 2012；Rezabek and Cochenour, 1998；Skovholtet, et al., 2014）。这可以用情绪感染（Emotional Contagion）来解释，即个体有一种自动模仿并同步他人面部表情、发声、姿势和动作从而达到情感上趋同的倾向（Hatfield, et al., 1994）。

基于表情符号的上述独特功能，其在线上沟通中越来越受到欢迎，甚至已经成了一种重要的文化，在线上沟通——尤其是年轻群体的线上沟通中——受到了极大的欢迎和广泛的应用。

此外，本研究还发现，亲子微信沟通中的主要发起人为父母一方，一方面，可能与青少年学业繁忙和手机使用时间受到限制有关；另一方面，可能与孩子进入青少年后花在与父母互动上的时间逐渐减少（Larson, et al., 1996）、花在与同伴互动上的时间逐渐增多（Levitt, et al., 1993）的阶段性特征有关。与此同时，我们也注意到，在父子沟通中，父亲虽然会比子女更主动地发起对话，但其发送信息的数量依旧少于子女。父亲虽然在和子女的沟通中都会表现得比孩子更加主动地发起对话，但是在和子女微信聊天时，父亲发送的信息数量却是比子女更少的。这可能反映出父亲在其中可能更多的是发起问候与询问近况的角色，但在聊天中发出更多信息，对聊天参与更多的则是子女一方。

对父母差异而言，母子微信沟通的情况要好于父子微信沟通。首先，母亲和子女的沟通比父亲和子女的沟通更频繁，母亲也比父亲更主动。母亲向子女发送的几乎所有类型的沟通（文字、语音、通话、图片、表情、链接、红包）数量以及主动总数都显著多于父亲。这与以往研究发现的青少年和母亲ICT沟通的频率高于其和父亲ICT沟通的频率的结果相一致（Rudi, et al., 2015b），也与雷雳等（2002）报告的母亲比父亲与孩子的沟通更为主动的结果相一致。其次，子女在和母亲沟通时也比和父亲沟通时发送更多信息，也更主动，即子女向母亲发送的几乎所有类型的沟通（文字、语音、通话、图片、表情、链接、红包、文档）数量以及主动总数都显著多于向父亲发送的。这也与以往关于 FtF 亲子沟通的研究结果相一致（李昊等，2022；樊佩佳，2021；Noller and Bagi，1985）。综合而言，上述结果也从一定程度上反映了母子沟通中可能存在交互影响的积极循环——母亲在与子女的沟通中表现得更主动，发送的信息更多，会促使子女在与母亲的沟通中也表现得更主动，发送的信息更多，而这又将进一步促进母亲的主动性和沟通频率。

对子女性别差异而言，女孩与父母的微信沟通情况要好于男孩与父母的微信沟通。女孩向父母发送的信息总量比男孩更多，女孩也比男孩更会主动地向父母发起对话。虽然以往研究缺乏对子女性别如何影响亲子 ICT 沟通的实证考察，但是关于亲子 FtF 沟通的研究揭示了女儿与父母的沟通频率更高，也更为主动（李昊等，2022；樊佩佳，2021）。因此，本研究在线上微信沟通情境下揭示了与亲子 FtF 沟通相一致的子女性别差异，也从子女性别的角度为"富者更富"而非"社会补偿"模型提供了进一步的支持证据。

三　亲子微信沟通主动性与各载体使用的相关

相关分析表明，亲子双方在微信沟通中的主动性情况——主动向对方发起当日的第一个对话的程度——是一个重要的量化指标，其与各种载体的沟通频次都存在普遍的正向关联。具体而言，无论是母子沟通中的母亲、子女还是父子沟通中的父亲、子女，如果该主体越主动发起对话，那么其向对方发送的各种类型的信息和信息总量也会越多。不仅如此，主动性还在沟通双方之间存在正向关联。在母子沟通中，母亲越主动，子女也会越主动，子女还会向母亲发送更多的各种类型的信息。同样地，在父子沟通中，父亲越主动，子女也会越主动，子女也会向父亲发送更多的各种类型的信息。

温馨（2014）通过访谈发现，亲子沟通中的子女和父母在主动性上表现出不同的特点。对子女而言，其主动性在很大程度上受到亲子关系质量和对自己被父母接纳和理解程度的知觉的影响：亲子关系亲密、能够感知到父母支持的子女会更积极主动地与父母沟通；相反，亲子关系疏远或者觉得自己不被理解和接受的子女则不愿主动与父母沟通，而且即使是对父母主动发起的沟通，子女也会选择敷衍应对。对父母而言，其沟通主动性则不受亲子关系质量的影响——无论父母对亲子关系的感受如何，他们都会倾向于坚持主动和孩子沟通，了解孩子的近况，哪怕自己的主动沟通并没有得到孩子的积极回应，父母也还是会继续发起下一次的主动沟通。

总体而言，本研究通过收集一手的、客观的微信沟通数据，并对其中的量化指标加以编码和分析，加深对亲子微信沟通的频次以及家长和子女性别影响作用的了解，是对研究一采用的自我报告数据的重要补充。

第五章 父母—青少年微信沟通行为的质性分析

第一节 亲子沟通的质性研究现状

一 亲子沟通质性研究的意义

质性研究（Qualitative Research）又称为质化研究、质的研究，是指以研究者本人作为研究工具，在自然情境下采用多种资料收集方法对社会现象进行整体性的探究，使用归纳法分析资料和形成理论，通过与研究对象互动对其行为和意义建构获得解释性理解的一种活动（陈向明，2000）。心理学自诞生起就具有质性研究传统，但质性研究往往被主流所忽视。量化研究侧重于对研究现象的测量与计算，立足于收集客观事实，重视测量步骤的信度和效度，强调研究结果的可推广性与可重复性（徐建平等，2019）。在心理学中，质性研究的兴起是由于量化研究面临危机，量的研究方法在它为心理学独立和一百年的发展做出贡献后开始显现出它的弊端（陈晶，2007）。在今天，量化研究经过不断的发展和完善，已经在一定程度上解决了过往的弊端，但仍存在一定的局限性。首先，量化研究只能对事物和现象表层可量化的部分进行研究，无法进行微观的、细节的深入探索，可能会忽略被研究对象的真实情况。其次，量化研究得出的是某时间点而非发展过程的结果。最后，大样本的研究只能说明平均情况而无法兼顾各类特殊情况，量化研究也缺乏对参与者本身的观点看法及过往经历的关注。

质性研究在一定程度上可以弥补量化研究的局限。质性研究能在微观层面上对心理现象进行较细微的描述和分析，能在自然情境下研究生活事件，从当事人的角度了解其看问题的方式和观点，了解事件发展的动态过程并建立理论（杨智辉，2011）。心理学质性研究并非与量化研究完全对立，而是使得心理学研究者的研究取向更加多样和全面（何吴明、郑剑虹，2019）。越来越多的研究者认为，量化研究和质性研究势必走向一条整合之路（陈晶，2007；杨智辉，2011；高宇亮，2013；唐涌，2015；徐建平等，2019）。从方法学角度来看，由质到量是一个连续的过程，纯描述的归纳与纯数量的演绎仅是连续中的两个极点，大多数的研究方法都处于两个极端之间，存在着一定的结合的可能（杨智辉，2011）。对于中国本土心理学的发展来说，其中许多研究问题都属于非常复杂的社会与文化心理的范畴，对于这些研究题目，自然质性研究与量化研究的结合使用成为一种必然的选择（高宇亮，2013）。

研究 2a 对亲子微信沟通数据的量化分析可以促进我们对亲子微信沟通的整体认识，在此基础上，研究 2b 选择进一步对沟通数据加以质性分析，主要原因如下。首先，从研究目的上，量化研究主要关注和回答的是有关整体的、相对宏观的、相对普遍的、侧重客观事实的，特别是有关变量之间关系的问题（风笑天，2017）；而质性研究则处于一个更"主位"的视角，更关注的是个体的、侧重主观意义的，尤其是有关具体情境之间的互动问题。其次，从研究数据和策略上，量化研究是一个"化繁为简"的过程，将原本复杂的社会现象、研究问题，通过必要的处理，最终转变为几个关键的、明确的、详细的变量，并以此开展研究；质性研究则是通过将情境背景因素包括在分析之中来提高其复杂性（Flick，2009），是一个"化简为繁"的过程。本研究通过收集青少年与父母微信聊天记录，从实际数据入手，在保持研究对象整体性和复杂性基础上，探究亲子沟通互动的真实情况，这是无法从"简化"的数据中得到的。最后，量化研究和质性研究在一定程度上是相辅相成的，过往关于亲子沟通的研究也很少同时从量化和质性的不同角度，考察亲子沟通的现状。因此，基于以上原因，研究2b选择采用质性分析的方法，旨在和研究2a的量化分析一起，为充分了解亲子线上沟通的全貌提供更完整的视角。

二 已有的亲子线上沟通质性研究总结

已有的关于亲子线上沟通的质性研究主要以分析大学生与其父母线上沟通情况为主，这些研究从不同的角度揭示了基于新媒介技术的亲子沟通的特点以及影响结果。

沈赟（2014）通过对"互联网原住民""90后"及其父母进行焦点访谈，探索在带有社交性质的通信软件媒介作用下，父母与子女之间的互动行为，以及对亲子沟通产生的影响。结果发现，多数父母使用即时通信工具（如QQ、微信、Skype等）与子女进行互动，主要目的在于人际沟通（以亲子沟通和工作联络为主）和信息获取。由于被调查对象的子女大多在外地求学，父母对于视频通话功能最为青睐；父母的媒介使用与否、媒介使用频率与其性别存在较大关联，一般而言，母亲更愿意通过视频直接与子女交流互动，而父亲发起的打电话或短信文字类沟通较多。

王嘉晞（2015）则通过深度访谈，探究了在台湾学习的大陆学生基于新媒介技术的亲子沟通现状。结果发现，由于父母存在数字鸿沟，在台湾学习的大陆学生情感上更倾向于为适用性考虑，表现出对手机媒介的通话、短信和照片传播功能的偏好。手机媒介为这类学生群体的亲子沟通提供了途径，克服了地理距离带来的不便。整体上，在台湾学习的大陆学生对基于新技术的线上亲子沟通的态度是积极的，但手机媒介带来的影响是具有两面性的。一方面，手机媒介的信息传达更准确，更可靠，与此同时，它还具有被动接纳的特点，可以将信息强制送达，这些功能可以促进亲子之间的有效沟通。但另一方面，手机媒介也可能会带来沟通内容的表面化和问候的形式化的负面影响。

Yu 等（2017）通过对身在异乡的年轻人（21—29 岁）进行半结构化访谈，分析了年轻人通过移动即时通信（MIM）服务应用程序（以微信为例）与父母之间的互动情况。结果发现，子女与父母之间存在两种主要的互动模式："对话式互动"和"连接式互动"。对话式互动是指相对较长的谈话，人们在谈话中互相问候，亲子双方通常提前为此留出时间；连接式互动则是指进行简短而频繁互动，不定时发起的对话或语音或文本信息。在具体的沟通过程中，根据双方的互动需求，"对话式互动"和"连接式互动"会进行相互转化。该研究还发现，在家庭群聊天中的"连接式互动"中，工具性和表达性目的并存，前者以事务为导向，而后者以情感支持为导向。出于这些工具性和表达性的目的，身在异乡的年轻人增加了和父母联系的频率。

罗珍珍（2019）则是通过深度访谈，以亲子代际之间的微信沟通次数、聊天方式、微信表情包使用情况、微信红包使用情况、朋友圈沟通情况等方面为切入点，分析了微信沟通功能对大学生亲子沟通情景的重塑，进而探究了大学生家庭中亲子两代人的微信沟通交流情况。该研究发现，亲代的微信使用特征为，父母更喜欢用微信中的视频和语音功能与子代联系；父母对表情包的理解和使用与子代不同，父母更倾向于发微信自带表情；父母的朋友圈设防较低，喜欢在朋友圈展示自我；在父母眼中，微信红包承载着多重意义（祝福、娱乐、支付等）。子代的微信使用则表现出许多与亲代不同的特点，具体特征为，子女在沟通方式的选择上倾向于选择打字或语音消息；子女倾向于选择含义简单的表情包；子女更注重隐私边界，会主动构建部分可见的微信朋友圈；子女对于红包更偏向于工具化的使用，红包的祝福意义降低。

在过往质性研究的基础上，本研究也将针对亲子微信沟通实际行为数据进行质的分析，具体而言，本研究将考察以下两方面的问题：第一，中学生与父母在微信平台上的实际沟通行为在质量上有哪些特征；第二，子女性别、家长性别对中学生亲子实际微信沟通行为的质量特征有何影响。

第二节 父母—青少年微信沟通行为数据的获取与质性编码

一 参与者

本研究的参与者为研究 2a 招募的 215 名 10—18 岁平时会与父母在微信上沟通的青少年，其中提供了至少一份亲子微信沟通内容的有效参与者为 206 名。有效参与者人口统计学信息见研究 2a 中表 4-1。

二 研究流程

主试一对一的协助参与者进行时间间隔为 4 个月的两次（T1 和 T2）微信聊天数据收集，具体流程同研究 2a。

由于间隔 4 个月的两次数据收集处在学期中的不同阶段。T1 的数据收集于 3 月初，处于学期初，这时学生的学业压力水平相对较低；T2 的数据收集于 6 月底，处于临近考试的学期末，这时学生学业压力水平相对较高。为了细致地考察不同时间点的亲子微信沟通的特点，探讨不同学业压力下亲子微信沟通的质的特征的差异，本研究将对两个时间点（T1 和 T2）的亲子微信沟通进行分别的编码和相互比较。

三 资料收集与分析

将一位参与者一次提交的聊天记录记作 1 份，206 名参与者在 T1 和 T2 共提供了 412 份聊天记录，剔除其中的空白聊天记录 62 份，最终，T1、T2 共收集到 350 份有效聊天记录。

参考凯西·卡麦兹（2009）《建构扎根理论：质性研究实践指南》一书的编码方式，对有效数据进行初始编码、聚焦编码、轴心编码。卡麦兹提出的建构扎根理论，要求在具体的研究过程中，研究者在研究前不预设结论，在确定研究问题后，进行资料收集、编码、理论抽样，最终构建出概念模型。扎根理论的研究分析过程并非以线性的方式进行的，而是循环往复，在不断比较中进行思考和建构的过程（吕淑芳，2019）。

第一阶段：初始编码（Initial Coding）。在此阶段研究者要对能够在数据中的任何可能性保持开放，在编码过程中尽量使用能够反映行动的词语进行编码，浓缩文本中的意义和行动，使得数据符合"契合 fit"和"相关 relevance"两个标准。在此阶段对收集的微信聊天记录进行编码，共获得 3129 个初始编码参考点。

第二阶段：聚焦编码（Focused Coding）。此阶段的编码更具有指向性、选择性以及概念性。此阶段要求研究者将初始代码中的具象信息稍作提炼，赋予其抽象化的概念。如将"链接：2021 福建（物理普本批）最低、最高院校专业组投档分、位次"概括为"升学"；将"加油，我的阳光女孩［跳跳］［跳跳］［跳跳］"总结为"鼓励"。在本轮编码之后，研究者得到了 65 个聚焦式代码，聚焦式代码中部分在所有父母或者子女中是有共性的，在多个家庭的聊天记录中反复出现，但也有部分聚焦式代码具有个体特殊性及家庭特殊性。

第三阶段：轴心编码（Axial Coding）。在此阶段，研究者将聚焦式代码进行归纳总结，升级成 16 个亚类属，开始形成初步分析的内容和框架。再将亚类属依据不同的逻辑层次，最终归纳为 5 个核心类属。分别为"沟通内容""沟通目的""沟通氛围""沟通交互同步"和"沟通表达"。

四　数据处理

借助 QSR Nvivo 12.0（简称 N12）质性分析软件对资料进行编辑、编码和统计构念（Construct）频数等操作。该软件利用导入的中文访谈文本，将非数值性的、无结构的资料进行索引和搜寻以及理论化，进而有助于研究者编码与搜寻，以及建立索引、逻辑关系和理论等（张秀敏、杨莉萍，2018）。需要说明的是，N12 软件（任何质性分析软件均如此）与统计分析软件有着本质的不同，它无法将质性分析自动化，亦不能取代质性研究的所有过程，使用软件的质性研究者才是真正从事研究（如编码工作）的主导者。

第三节　父母—青少年微信沟通行为的质性分析

一　描述性分析结果

使用 N12 对 350 份聊天记录进行编码，并将编码形成的各概念词以及核心类属进行频次统计，结果见表 5-1。在 5 个核心类属中，"沟通内容"的参考点最多，占所有频次的比例为 41.97%；其次是"沟通目的"，占比为 31.27%；之后是"沟通交互同步"，占比为 13.89%；然后是"沟通表达"，占比为 12.13%；最后是"沟通氛围"，占比为 0.74%。

表 5-1　　亲子微信沟通的概念词及核心类属频次情况

核心类属	比例排序	概念词	聊天记录（份）	频次/参考点	占所有频次的比例
沟通内容	1	合计	904	1311	41.97%
		日常生活	430	581	18.60%
		学习	285	460	14.72%
		疫情	79	130	4.16%
		钱	73	99	3.17%
		家庭	24	27	0.86%
		其他话题	13	14	0.45%
沟通目的	2	合计	374	977	31.27%
		工具性	321	912	29.19%
		表达性	53	65	2.08%
沟通氛围	5	合计	23	23	0.74%
		高平等性	13	13	0.42%
		高权威性	10	10	0.32%
沟通交互同步	3	合计	366	434	13.89%
		有交互同步	245	299	9.57%
		无交互同步	121	135	4.32%
沟通表达	4	合计	323	379	12.13%
		父母的积极表达	167	197	6.31%
		父母的消极表达	44	56	1.79%
		子女的积极表达	98	110	3.52%
		子女的消极表达	14	16	0.51%

二 沟通内容

亲子微信沟通的内容主要包括"日常生活""学习""疫情""钱""家庭""其他话题"。每个方面包含的具体内容、编码示例,以及频次和频次占比见表 5-2。图 5-1 是沟通内容及其包含的聚焦编码的占比情况。可以看出,亚类属"日常生活"的编码最多,其次是"学习",编码最少的是"其他话题"。对编码的频次进行卡方检验,结果发现各亚类属的频次存在显著差异 ($\chi^2 = 1328.76$,$df = 5$,$p < 0.001$)。

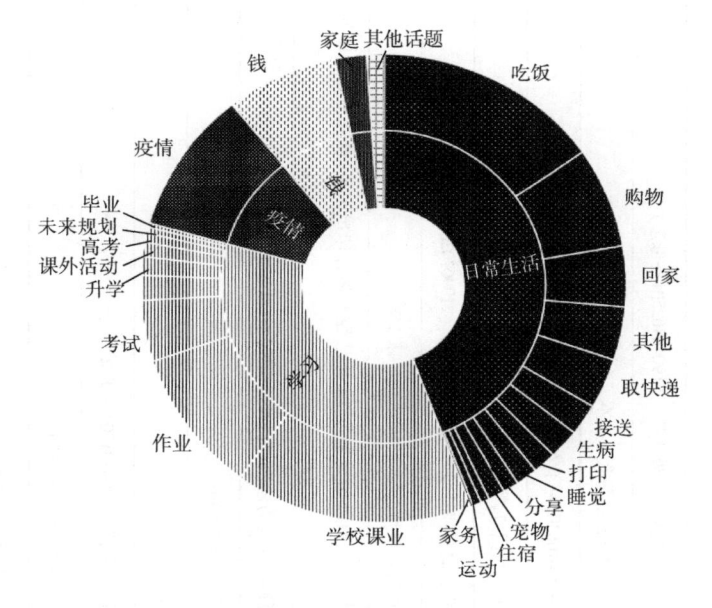

图 5-1 亲子微信沟通内容比例

"日常生活"亚类属包含生活中的衣、食、住、行等方方面面,由 14 种聚焦编码构成。聚焦编码按照出现频次从多到少的顺序分别为,"吃饭"(200 次)、"购物"(92 次)、"回家"(56 次)、"其他"(48 次)、"取快递"(45 次)、"接送"(28 次)、"生病"(27 次)、"打印"(20 次)、"睡觉"(19 次)、"分享"(14 次)、"宠物"(14 次)、"住宿"(8 次)、"运动"(7 次),以及"家务"(3 次)。

表 5-2 亲子微信沟通内容频次情况

亚类	聚焦编码	示例	聊天记录(份)	频次/参考点	占沟通内容频次比	比例排序
日常生活	吃饭	"我先去买菜啊,买饭,中午饭咱们吃外卖吧。"(19040402501—母亲)	116	200	15.26%	2
	购物	"链接:21.8元[彩色图鉴],爸爸,帮我买一本。"(19050106303—子女)	68	92	7.02%	6
	回家	"放学了,在路上。"(19050106302—子女)	43	56	4.27%	7
	取快递	"爸,帮我领个快递,放学校门口,写上我的名字。"(21090700701303—子女)	39	45	3.43%	10
	接送	"下午不雨我去接你,你到高斯贝尔就发信息给我。"(21090702001—父亲)	23	28	2.14%	11
	生病	"今天早上起来胃里面有点难受。"(20081402701—子女)	27	27	2.06%	12
	打印	"巧,今天把历史第十四课背诵,给老师发去,我已经给你打印出来了,就在前天打印的一堆里面。"(20020123301—母亲)	13	20	1.53%	15
	睡觉	"没事早点睡吧,保证睡眠免疫力还高。"(19040402504—母亲)	15	19	1.45%	16
	分享	"链接:音乐《雪月》。"(21090700303—子女)	14	14	1.07%	18
	宠物	"[图片:猫猫睡觉]"(21090701000—子女)	6	14	1.07%	20
	住宿	"宿舍漏水了。[图片:宿舍]"(21090701703—子女)	8	8	0.61%	22
	运动	"[孩子运动视频]"(21091800401—母亲)	7	7	0.53%	24
	家务	"家里收拾干净了吗?"(20081402702—母亲)	3	3	0.23%	27
	其他	"我在门口等你。"(19040402501—母亲)	48	48	3.66%	9

续表

亚类属	聚焦编码	示例	聊天记录(份)	频次/参考点	占沟通内容频次比	比例排序
学习	学校课业	"[图片:南山外国语学校(集团)文华学校九年级课程表][第九单元溶液的形成课件.pdf"(19040402502—母亲)	119	206	15.71%	1
学习	作业	"4.1数学作业.docx[图片:初一2022学年.702·班级群(151)5月11日作业.docx."(21090702203—母亲)	65	128	9.76%	4
学习	考试	"数学有道题我做过还会做,结果脑子抽了写错了,气死我了,好不容易,是填空最后一道题啊!"(19040402501—子女)	40	55	4.20%	8
学习	成绩	"[图片:学情报告][发挥水平诊断][语数英总分第四,不过英语变第四了。"(21090702401—子女)	18	23	1.75%	14
学习	升学	"子女:上次考475,73,英语有点悬,如果这样进步,高中我来了!父亲:[嘿哈],加油丫头。"(21090702403—父亲+子女)	15	17	1.30%	17
学习	课外活动	"那我们画画课是十点还是十点半?。"(21090700303—子女)	11	13	0.99%	21
学习	高考	"22届高考政治备考热点.docx。"(21090701103—母亲)	8	8	0.61%	22
学习	未来规划	"登录全国征兵网,然后填写兵役登记。"(21091801201—父亲)	5	6	0.46%	25
学习	毕业	"各班:按照学校统一标准,拟定于5月15日下午举行毕业典礼和照毕业相,安排如下…"(21090701003—母亲)	4	4	0.31%	26
疫情	疫情	"[图片:健康码][图片:核酸检测结果]"(20081402702—子女)	79	130	9.92%	3
钱	钱	"父亲:乐乐我给你转点钱吧?子女:不用不用我给妈妈的还能花一段时间。"(21090700101—父亲+子女)	73	99	7.55%	5
家庭	家庭	"爷爷今天未要做手术,结果血压太高,推到下周二再做。你有空给奶奶去个电话。"(21090701401—母亲)	24	27	2.06%	12
其他话题	其他话题	"[图片:火车票购票界面][链接:俄乌冲突:中国的角色与战略选择。"(21091700302—父亲)	14	15	1.14%	18

"学习"的亚类属由 9 种聚焦编码构成，编码频次从多到少分别为，"学校课业"（208 次）、"作业"（129 次）、"考试"（55 次）、"成绩"（23 次）、"升学"（17 次）、"课外活动"（13 次）、"高考"（8 次）、"未来规划"（6 次），以及"毕业"（4 次）。

"疫情"的亚类属由聚焦编码"疫情"构成，是频次（130 次）排第三的亚类属。其次是"钱"的亚类属，由聚焦编码"钱"（99 次）构成。"家庭"的亚类属由聚焦编码"家庭"（27 次）构成。"其他话题"的亚类属由"本次实验""出行""感悟"以及"国际形势"共四种聚焦编码构成，是频次（15 次）最低的亚类属。

不同时间节点的沟通话题也表现出不同的特点。如图 5-2 所示，"日常生活"始终是在线亲子沟通最重要的内容。亚类属"学习""钱""疫情"和"家庭"的编码数在 T2 学期末更多，但总体上与 T1 学期初的差异不大。

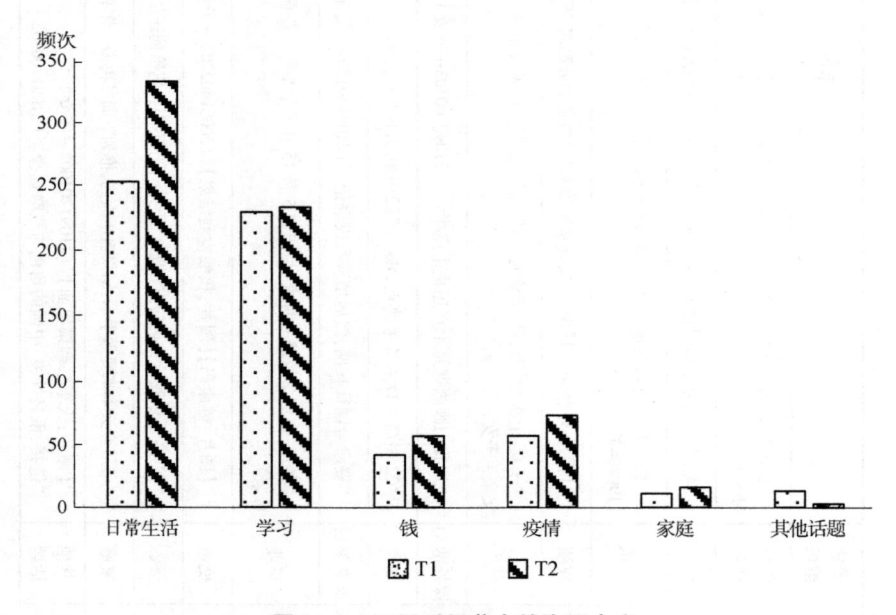

图 5-2 不同时间节点的沟通内容

当我们关注"学习"亚类属中的焦点编码时，可以发现不同时间段的沟通主题上存在一定差异，如图 5-3 所示。在 T1 学期初，"学校课业"的沟通话题出现频次是更高的，其次为"作业"，而"考试""成绩""课外活动""未来规划""升学""高考"等出现频次相对较少。在 T2 学期末，"学校课业"编码较 T1 大幅减少，"未来规划"编码也有所降低，而"作业""考试""成绩""升学""高考"的编码比起 T1 学期中则有所增加。"毕业"则只出现在 T2 学期末的编码中。

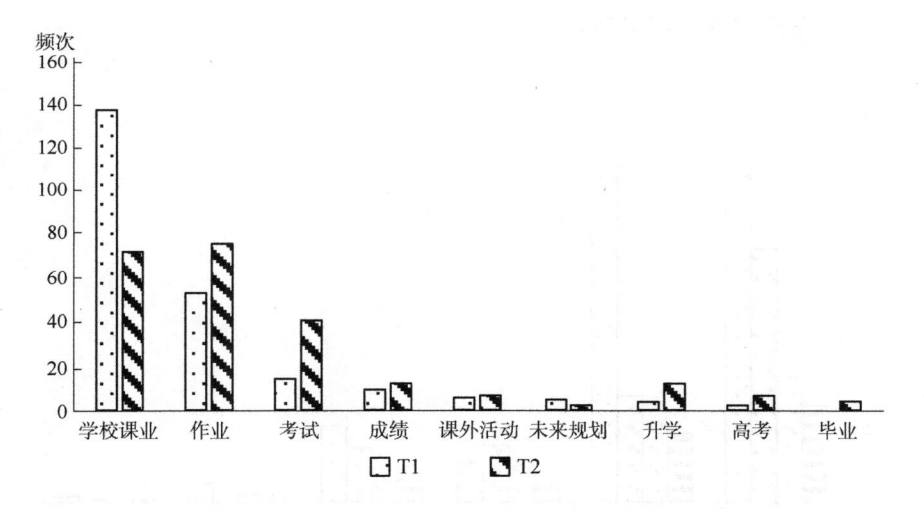

图 5-3 亚类属"学习"在不同时间节点的编码

进行沟通话题编码时，根据沟通主体的不同，分别对父子、父女、母子和母女四种沟通场景下的沟通话题加以编码。考虑到参与者中男女人数存在较大差异（男 55 人，女 151 人），为消除该差异给不同沟通场景下的编码频次带来的影响（比如导致母子和父子沟通的编码频次低于母女和父女沟通的编码频次），将父子和母子场景下的编码数分别除以男参与者人数，父女和母女场景下的编码数除以女参与者人数，从而得到四种沟通场景下参与者所属性别的人均编码频次，从而消除人数本身带来的频次差异，后同。

对四种沟通场景的人均编码频次的卡方检验结果显示，四种沟通场景下涉及沟通话题的频次分布存在显著差异（$\chi^2 = 300.84$，$df = 3$，$p < 0.001$）。从图5-4可以看出，无论在哪种沟通话题上，四种沟通场景下的人均频次高低排序是基本一致的：母女沟通频次最高，其次为母子沟通（"钱"这一话题例外，最高为母子沟通，其次为母女沟通），然后为父女沟通，最低的为父子沟通。说明相较于父亲，母亲与子女的沟通中涉及各种话题的频次均更高；相较于儿子，女儿与父母的沟通中涉及各种话题的频次也均更高。

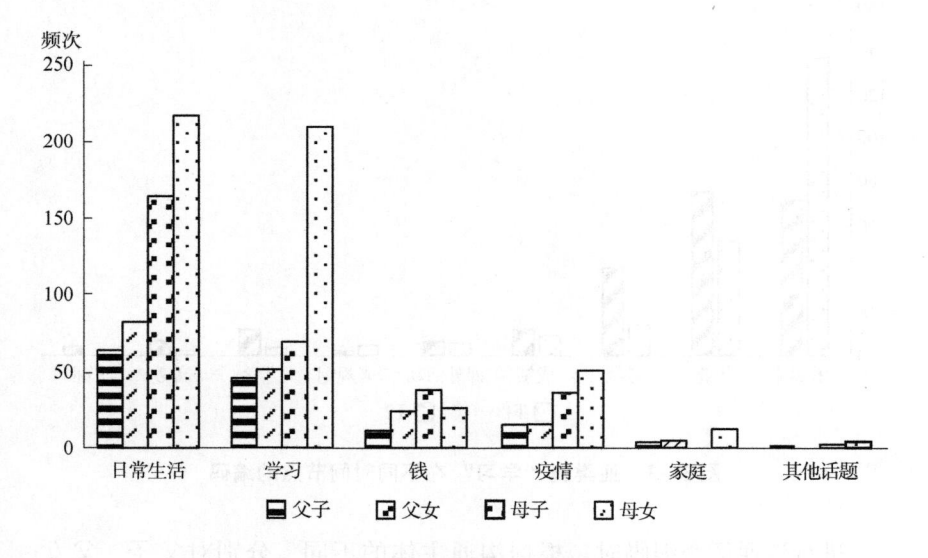

图5-4 不同沟通场景的沟通话题差异

注：父子（母子）人均编码频次 = 父子（母子）编码频次/男参与者人数；父女（母女）人均编码频次 = 父女（母女）编码频次/女参与者人数。

三 沟通目的

核心类属沟通目的分为"工具性"和"表达性"两个亚类属。"工具性"指沟通的发起是为了协调日程安排，或计划活动，或提供工具性帮助等;"表达性"则指沟通以表达关怀和支持,提供情感支持等为目的(Yu, et al., 2017)。研究发现,以表达性为目的的亲子沟通与更亲密的亲子关系相关联,但以工具性为目的的亲子沟通则没有促进亲子关系的作用(Warren and Aloia, 2018)。

沟通目的编码示例及频次见表5-3。其中,"工具性"出现在321份聊天中,编码频次为912次,占沟通目的的93.35%;"表达性"出现在53份聊天中,编码频次为65次,仅占沟通目的的6.65%。卡方检验表明,"工具性"和"表达性"的频次存在显著差异($\chi^2 = 734.29$,$df = 1$,$p < 0.001$),说明在线上亲子沟通中,工具性的沟通目的显著高于表达性。

表5-3 亲子微信沟通目的的频次情况

聚焦编码	示例	聊天记录(份)	频次/参考点	占沟通目的的频次比
工具性	"7章知识点总结.docx"(18020108501—母亲) "[支付消息]。"(20081402702—父亲) "妈妈你那些地理的空题单给我印全了没。"(20020123301—子女)	321	912	93.35%
表达性	"又被夸了,害,低调,[微笑]。"(20191800601—子女) "祝妈妈母亲节快乐——!"(21090700801—子女) "宝贝是最棒的[强][强][强]努力的样子最可爱[拥抱][拥抱][拥抱]妈妈相信你一定行[太阳][太阳]。"(21091800901—母亲)	53	65	6.65%

分别统计T1和T2的沟通目的编码,并进行卡方检验。结果发现存在显著差异($\chi^2 = 15.49$,$df = 1$,$p < 0.001$),表明存在相互作用。从图5-5可以看出,从T1学期初到T2学期末,亲子间以工具性为目的的沟

通有较大提升,以表达性为目的的沟通则有所下降。这说明随着期末来临,来自学习和考试的压力增强,青少年和父母的微信沟通中用以处理计划协调等事务性的成分会更加凸显,用以表达关怀支持的情绪情感成分则有所减少。

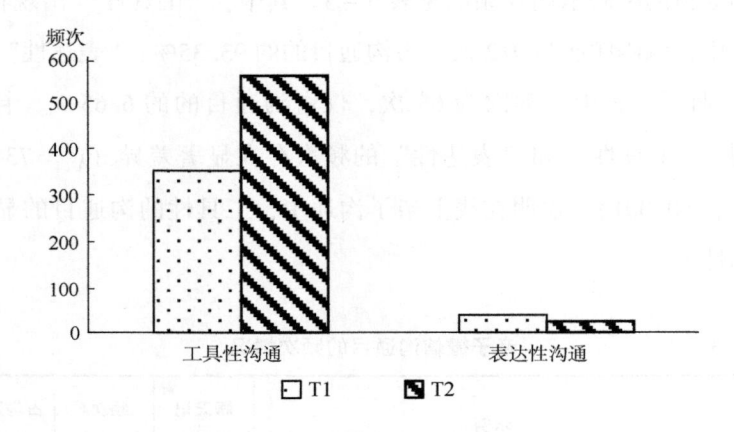

图 5-5 不同时间节点的沟通目的

对四种沟通场景的人均编码频次进行卡方检验,结果表明,四个沟通场景下的沟通目的人均编码频次存在差异显著($\chi^2 = 142.21$,$df = 3$,$p < 0.001$)。从图 5-6 可以看出,无论在目的性沟通还是在表达性沟通中,四种沟通类型的人均频次高低排序是一致的:母女沟通频次最高,其次为母子沟通,然后为父女沟通,最低的为父子沟通。这说明相较于父亲,母亲与子女的工具性和表达性沟通均更多;相较于儿子,女儿与父母的工具性和表达性沟通也均更多。不仅如此,上述差异在工具性沟通中表现得更加突出,即母亲(比起父亲)与子女更频繁的沟通优势虽然在工具性和表达性沟通中均有体现,但在工具性沟通上体现得更加明显。女儿(比起儿子)与父母更频繁的沟通优势虽然在工具性和表达性沟通中均有体现,但也在工具性沟通上体现得更加明显。

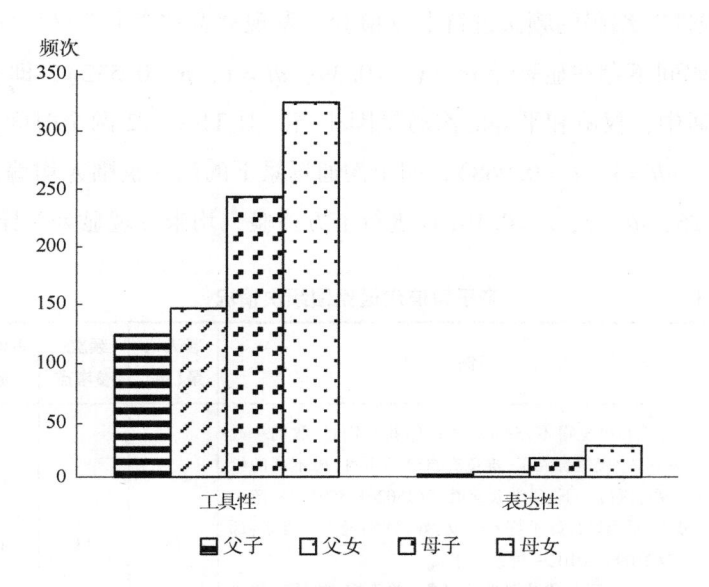

图 5-6　不同沟通场景的沟通目的差异

注：父子（母子）人均编码频次＝父子（母子）编码频次/男参与者人数；父女（母女）人均编码频次＝父女（母女）编码频次/女参与者人数。

四　沟通氛围

沟通氛围的核心类属由"高平等性"和"高权威性"两个亚类属构成。"沟通氛围：高平等性"是指父母主动询问子女的一些情况，例如日常安排、跟谁出去、学校生活怎么样等，但并不会强制要求子女。"沟通氛围：高权威性"则是指父母对于子女的行为和生活等采取强制措施，制定规则，如规定子女几点必须到家、出去玩需要询问父母、父母要求知道子女把钱花在哪里等（Kapetanovic and Skoog, 2021）。亲子沟通氛围对于青少年至关重要，研究结果发现，高权威性的沟通氛围与青少年犯罪存在正相关；高平等性的沟通氛围则与青少年情绪问题、青少年行为问题以及青少年犯罪呈负相关（Kapetanovic and Skoog, 2021）。

沟通氛围编码示例以及频次数据见表 5-4。对"高平等性"和

"高权威性"编码的频次进行卡方检验,发现"高平等性"和"高权威性"编码间不存在显著差异($\chi^2=0.39$,$df=1$,$p=0.532$),即在线上亲子沟通中,权威和平等的沟通氛围相当。对T1和T2两个时间点($\chi^2=0.002$,$df=1$,$p=0.968$),四个沟通场景下的沟通氛围人均编码频次($\chi^2=3.25$,$df=2$,$p=0.197$)进行卡方检验,均未发现显著差异。

表5-4　　　　　　　　亲子微信沟通氛围频次情况

聚焦编码	示例	聊天记录(份)	频次/参考点	占沟通氛围频次比
高平等性	"有什么自己觉得不公平的,可以给我发消息,我们一起探讨一下。""慢慢长大了,难免有自己的主见,想不通的给我说一声,探讨一下,要学会交流。"(18020108502—父亲) "母亲:不当班长好不好?子女:好,特别轻松。母亲:那就行。"(21090700102—母亲+子女) "母亲:你是要买化妆品吗?子女:差不多,就是暑假再来,我想打暑期工,先跟你说一下,到时候找个暑期工。母亲:好的。"(21090702103—母亲+子女)	13	13	56.52%
高权威性	"母亲:万一得不到呢,这啥意思?嗯?最后不是真的。子女:那他就改了改后都。母亲:你是最棒的,等你长大,只有你挑他的份。子女:你收手机吧,我不想听了,你愿意咋说咋说。我也删了。母亲:我只是问问,你还小,不能乱发朋友圈。"(21090700401—母亲+子女) "母亲:他上礼拜转你50块钱,现在你又干吗?子女:交话费,我话费就剩5.7元。母亲:过年到现在才一个月多一点……你是怎么用掉的?你心里其实应该知道……我试下停机""母亲:那今晚吃饭花了多少钱?子女:13块钱,然后买了17块钱的零食,一些面包。母亲:面包家里那么贵,17块钱能买几个哦?"(21090702102—母亲+子女)	9	10	43.48%

五　沟通交互同步

核心类属沟通交互同步分为"有交互同步"和"无交互同步"两个亚类属。"沟通交互同步/有交互同步",指父母和孩子有同样的注意焦点,保持相同的话题,能够反映彼此的情绪反应,并对对方的话题有回应（Gökhan, et al., 2012）。"沟通交互同步/无交互同步"，指双方没有针对同一内容展开沟通，包括两种情况，一种是不回应；另一种是回应的内容与对方的话题无关。研究发现，有交互同步的沟通可能可以促进子女的社交、情感和认知成长，标志着双方关系的重要发展（Harrist and Waugh, 2002）。

沟通交互同步编码示例以及频次数据见表 5-5。其中"有交互同步"出现在 246 份聊天记录中，编码频次为 300 次，占沟通交互同步的 68.97%；"无交互同步"出现在 121 份聊天记录中，编码频次为 135 次，仅占沟通交互同步的 31.03%。对"有交互同步"和"无交互同步"编码的频次进行卡方检验，发现"有交互同步"与"无交互同步"编码间存在显著差异（$\chi^2 = 61.97$, $df = 1$, $p < 0.001$），即在线上亲子沟通中，有交互同步的沟通多于无交互同步的沟通。T1、T2 两个时间节点之间无显著差异（$\chi^2 = 0.37$, $df = 1$, $p = 0.541$），说明沟通交互同步性具有一定的跨时间稳定性。

表 5-5　　　　　　　亲子微信沟通交互同步性频次情况

聚焦编码	示例	聊天记录（份）	频次/参考点	占沟通氛围频次比
有交互同步	"子女:我那个羊羔绒的牛仔服有点小了，所以套校服有点紧。母亲:你不是还有个背心，穿这个吧，说明你胖了[龇牙]，要给你送衣服不。"（19040402504——母亲+子女） "子女:【图片:母亲节手写信】。母亲:宝贝！高兴地边看妈妈边[流泪]！感觉宝贝懂事了！永远爱你呦[流泪][流泪][流泪][流泪][拥抱][拥抱][拥抱][亲亲][亲亲][亲亲]。子女:嘿嘿[玫瑰][玫瑰][玫瑰]"。（21090702102——母亲+子女）	246	300	68.97%
无交互同步	"母亲:会议邀请:初三七班早自习、3月12号计划.pdf、3月14号计划.pdf、3月15号计划.pdf。子女:无回应"（20191800601——母亲+子女） "父亲:长大了，该关心关心你老爹了，我好累。子女（四天后）:爸爸我没钱了。"（21091702305——父亲+子女）	121	135	31.03%

对四种沟通场景中的人均编码频次进行卡方检验发现，四种沟通场景下的沟通交互同步人均编码频次存在差异显著（$\chi^2 = 55.71$，$df = 3$，$p < 0.001$）。从图 5-7 可以看出，无论在有交互同步还是在无交互同步编码中，四种沟通类型的人均频次高低排序是一致的：母女沟通频次最高，其次为母子沟通，然后为父女沟通，最低的为父子沟通。这说明相较于父亲，母亲与子女有交互同步和无交互同步的沟通均更多；相较于儿子，女儿与父母的有交互同步和无交互同步的沟通均更多。不仅如此，上述差异在有交互同步的沟通中表现得更加突出，即母亲（与父亲相比）与子女的沟通优势（更频繁的沟通）在有交互的沟通上体现得更加明显；女儿（与儿子相比）与父母的沟通优势（更频繁的沟通）在有交互的沟通上体现得更加明显。

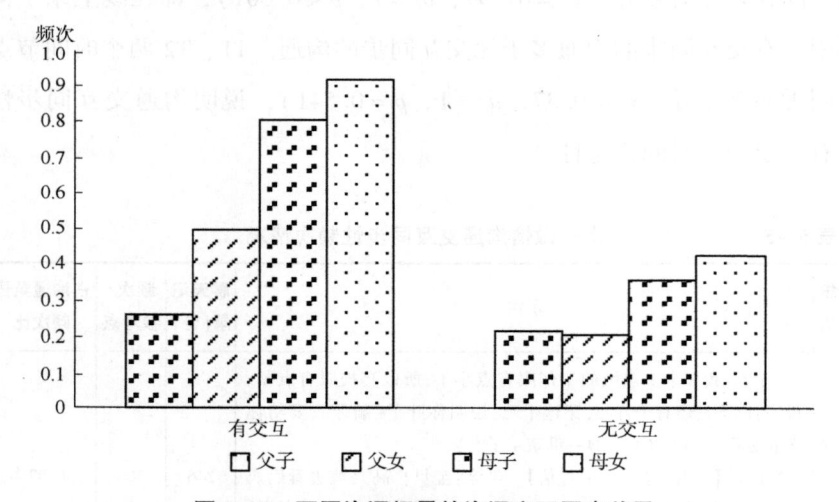

图 5-7 不同沟通场景的沟通交互同步差异

注：父子（母子）人均编码频次 = 父子（母子）编码频次/男参与者人数；父女（母女）人均编码频次 = 父女（母女）编码频次/女参与者人数。

六 沟通表达

沟通表达，指沟通中的情绪情感表达情况，既包括关心、感激等积极正向的表达，也包括指责、抱怨等消极负向的表达。表达方式会极大地影响沟通者的情感体验，不恰当的沟通表达不仅不利于亲子互动，还会影响亲子关系和家庭教育的效果，甚至阻碍孩子的情绪社会性发展（林丽花、邓惠明，2016）。

本研究中，沟通的积极、消极表达与沟通的双方共同构成了沟通表达的四类亚类属，分别为"父母的积极表达""父母的消极表达""子女的积极表达"，以及"子女的消极表达"。如图5-8所示，横坐标为编码的情绪效价，越往右表示该表达方式越积极，越往左表示该表达方式越消极。可以看出，父母的沟通表达方式多于子女。在积极表达中，"关心""调侃""祝福""爱""想念"是亲子共有的。此外，父母的积极表达还包括"昵称""安慰""赞赏""建议""叮嘱""鼓励""敦促""感动""支持"；子女的积极表达还有"申请"和"请求帮助"。在消极表达中，"抱怨"是亲子共有的，此外，父母的消极表达还有"教诲""指责""拒绝""管教""要求"以及"否定对方"；子女的消极表达还有"不耐烦""忽视"和"敷衍"。

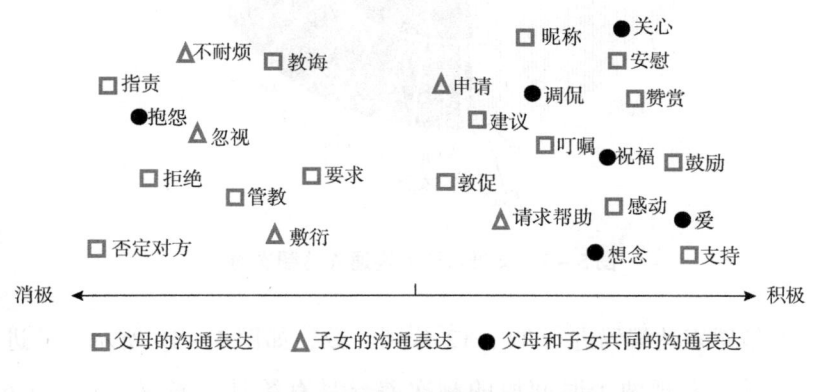

图 5-8 亲子微信沟通表达编码分类

除了亲子双方在积极与消极表达方式上的上述异同之外，亲子双方在积极与消极表达的频次上也有所不同。从图5-9可以看出，父母的积极表达编码频次最多，其次是子女的积极表达，之后是父母的消极表达，最少的是子女的消极表达。卡方检验发现，上述四个亚类属之间存在显著差异（$\chi^2 = 4.87$, $df = 1$, $p = 0.027$）。说明在亲子沟通中，双方的表达都以积极表达为主，消极表达较少。无论在积极还是消极表达上，父母的表达都明显多于子女。

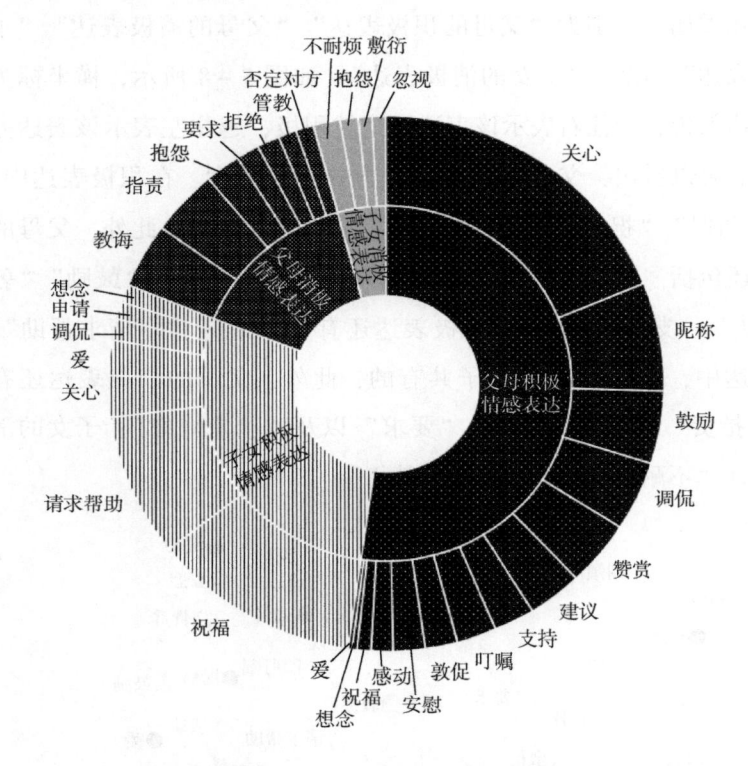

图 5-9　父母与子女沟通表达频次对比

对情感表达编码进行 T1、T2 分别计数，如图 5-10 所示，并进行卡方检验，发现两个时间段的频次差异具有统计学意义（$\chi^2 = 9.67$, $df = 1$, $p = 0.002$）：T1 学期初亲子沟通中各种类型的情感表达编码数相较于 T2 学期末都更多，说明随着期末学习和考试压力的增大，沟通中亲子双方的积极、消极情感表达均有所减少。

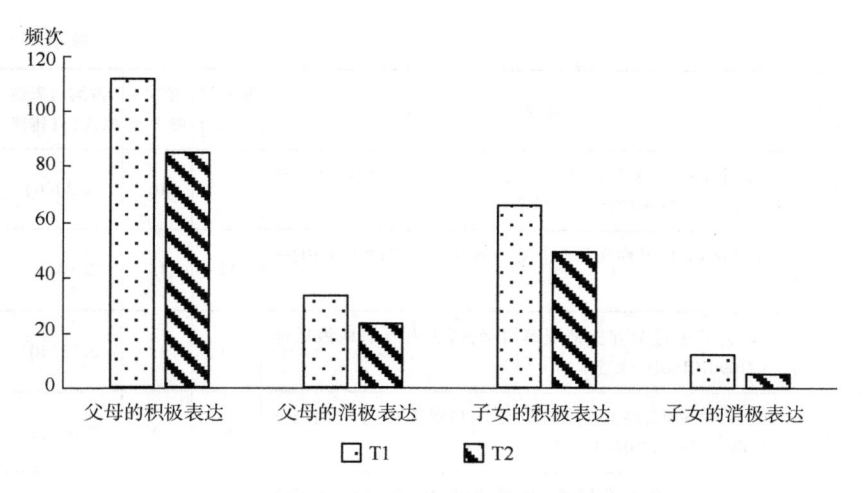

第五章 父母—青少年微信沟通行为的质性分析

图 5-10 不同时间节点的情感表达

（一）父母的积极表达

父母的积极表达的亚类属按频次从多到少分别为，"关心"（72次）、"昵称"（25次）、"鼓励"（17次）、"调侃"（16次）、"赞赏"（15次）、"建议"（12次）、"叮嘱"（9次）、"支持"（9次）、"安慰"（7次）、"敦促"（7次）、"感动"（5次）、"祝福"（3次）、"想念"（1次），以及"爱"（1次）共14种聚焦编码。父母的积极表达编码示例以及频次数据见表5-6。

表 5-6   父母积极表达频次情况

聚焦编码	示例	聊天记录（份）	频次/参考点	占沟通表达频次比（排序）
关心	"好啦！只要不是人不舒服就行，爸爸怕你晚上睡不好。早上好！早餐要吃好！[龇牙]。"（21090700801—父亲）	57	72	18.90（1）
昵称	"可可，外面刮风，沙尘，晚上洗澡比较好""宝，妈妈买剁尖。"（21090701002—母亲）	21	25	6.56（4）
鼓励	"宝贝是最棒的[强][强][强]努力的样子最可爱[拥抱][拥抱][拥抱]妈妈相信你一定行[太阳][太阳][太阳]。"（21091800901—母亲）	15	17	4.46（5）

续表

聚焦编码	示例	聊天记录(份)	频次/参考点	占沟通表达频次比(排序)
调侃	"子女:【图片:头发】,地中海前兆。母亲:多熬熬夜,就会早日达成梦想。"(21090702401—母亲)	16	16	4.20(6)
赞赏	"Proud of you! 因你而骄傲[强][拥抱]。"(21091701102—母亲)	12	15	3.94(7)
建议	"可以尝试用这个方法来缓解情绪,每天有意识地做做即可。"(21090701601—父亲)	11	12	3.15(10)
叮嘱	"你早点回来啦,路上注意防护安全,口罩戴好,手机回来别忘了消毒。"(21091701001—母亲)	6	9	2.36(12)
支持	"加油丫头,爸爸看好你,各科进步10分就可以了。"(21090702403—父亲)	6	9	2.36(12)
安慰	"你睡没? 你的情绪如此波动内心该有多少伤痛[拥抱][拥抱][拥抱]妈妈真的很心疼你[拥抱]。"(21090701202—母亲)	7	7	1.84(16)
敦促	"【图片:珍惜时光,为自己读书】,千万别去颠马勺[微笑]。"(21090700301—父亲)	6	7	1.84(16)
感动	"宝贝! 高兴地看妈妈边流[流泪]了! 感觉宝贝懂事了! 永远爱你呦宝贝[流泪][流泪][流泪][拥抱][拥抱][亲亲][亲亲][亲亲]。"(21090702102—母亲)	5	5	1.31(19)
祝福	"五四快乐! [玫瑰][玫瑰][玫瑰]。"(21090700801—父亲)	3	3	0.79(28)
想念	"想你【表情符号】,儿行千里母担忧。"(21090700802—母亲)	1	1	0.26(31)
爱	"[憨笑][憨笑]爱你么么哒。"(21091702902—母亲)	1	1	0.26(32)

同沟通话题部分的编码一样,为了避免参与者中男女人数差异带来的四种沟通场景下的编码频次差异,根据沟通主体的不同,分别对父子、父女、母子和母女四种沟通场景下的积极表达加以编码并进行卡方检验,发现聚焦编码"关心"($\chi^2 = 14.85$, $df = 3$, $p = 0.002$)、"昵称"($\chi^2 = 9.10$, $df = 2$, $p = 0.011$)和"调侃"($\chi^2 = 6.00$, $df = 2$, $p = 0.05$)在四种沟通场景中存在显著差异,如图 5-11 所示。在这三类聚

焦编码中，四种沟通类型的人均频次高低排序是一致的：母女沟通频次最高，其次为母子沟通，然后为父女沟通，最低的为父子沟通。这说明母亲（相较于父亲）对子女的上述积极情感表达更频繁；女儿（相较于儿子）得到来自父母的上述积极情感表达也更频繁。

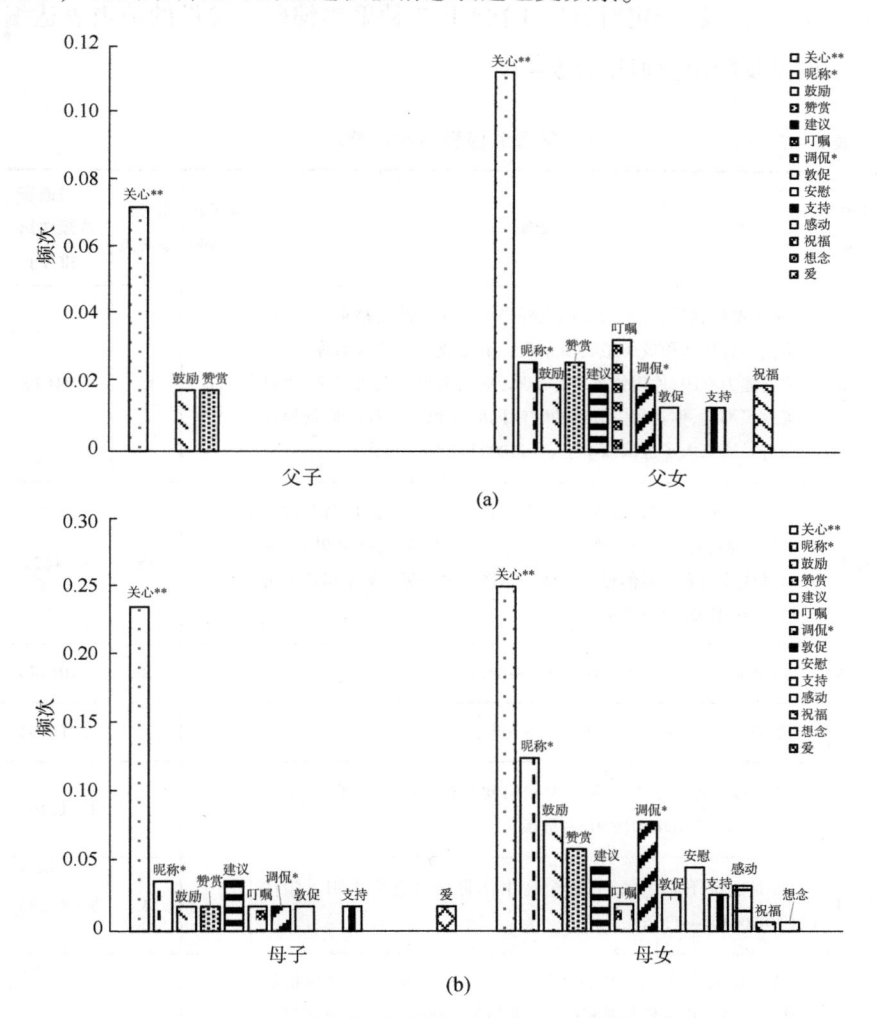

图 5-11 不同沟通场景下的父母积极表达差异

注：$^*p<0.05$，$^{**}p<0.01$，$^{***}p<0.001$。父子（母子）人均编码频次＝父子（母子）编码频次/男参与者人数；父女（母女）人均编码频次＝父女（母女）编码频次/女参与者人数。

(二) 父母的消极表达

父母的消极表达的亚类属按频次从多到少分别为,"指责"(15次)、"教诲"(15次)、"抱怨"(8次)、"要求"(5次)、"拒绝"(5次)、"管教"(4次)以及"否定对方"(4次)共7种聚焦编码。父母的消极表达编码示例以及频次数据见表5-7。

表5-7　　　　　　　　父母消极表达频次情况

聚焦编码	示例	聊天记录(份)	频次/参考点	占沟通表达频次比(排序)
指责	"天天都钱钱钱,你以为钱那么好挣么?除了钱就是买买买,你要是读书有那么积极还愁成绩差么?不是我们不给钱给你,是我跟你爸能力有限,你用钱也要有个底,别一天到晚老买奶茶,手机上买这买那的,你花每一分钱的时候同时也想一想我跟你爸挣钱的辛苦!这么大了也该懂事了。"(21090700904—母亲)	11	15	3.94(7)
教诲	"烦躁不安,发脾气,吵架,打人都不是智者的行为,是弱者的行为。""不要轻易原谅自己的不优秀,结果会出卖你,痛定思痛,如果高考成绩出来不是你想要的结果你将要用一辈子来承担这个苦果。"(21090702502—母亲)	11	15	3.94(7)
抱怨	"又要钱干什么?"(18020108502—母亲)	6	8	2.10(14)
要求	"快点回家背书。"(21090701203—母亲)	5	5	1.31(19)
拒绝	"本子家里不是有吗?你爸刚刚给我说他给你转钱了,你拿着那点钱买吧。"(18020108502—母亲)	5	5	1.31(19)
管教	"要是成绩下降了的话,整个高中你将会没有手机用了哦!"(21090700501—母亲)	4	4	1.05(23)
否定对方	"你想得太简单了,男孩和女孩一起玩会有纯友谊吗?""你能解决什么?你觉得这样很光彩吗?""那你怎么解决呢?难道你打了一份工?挣了一份钱吗?""那你说你想什么办法?你有什么办法能解决?你解决的是眼前暂时的,我说得你自己能解决是永远性的,明白吗?"(21090702102—母亲)	2	4	1.05(23)

对四种沟通场景下的人均编码频次进行卡方检验，发现聚焦编码"教诲"（$\chi^2=6.00$，$df=0$，$p=0.05$）和"指责"（$\chi^2=9.46$，$df=3$，$p=0.024$）在四种沟通场景中存在显著差异，如图5-12所示。在"教诲"和"指责"中，人均频次排序最高的均为母女沟通；在"教诲"中，父女沟通和父子沟通的频次相当，而母子沟通中出现"教诲"的频次最低；在"指责"中，母子沟通和父子沟通的频次相当，父女沟通中出现"指责"的频次最低。

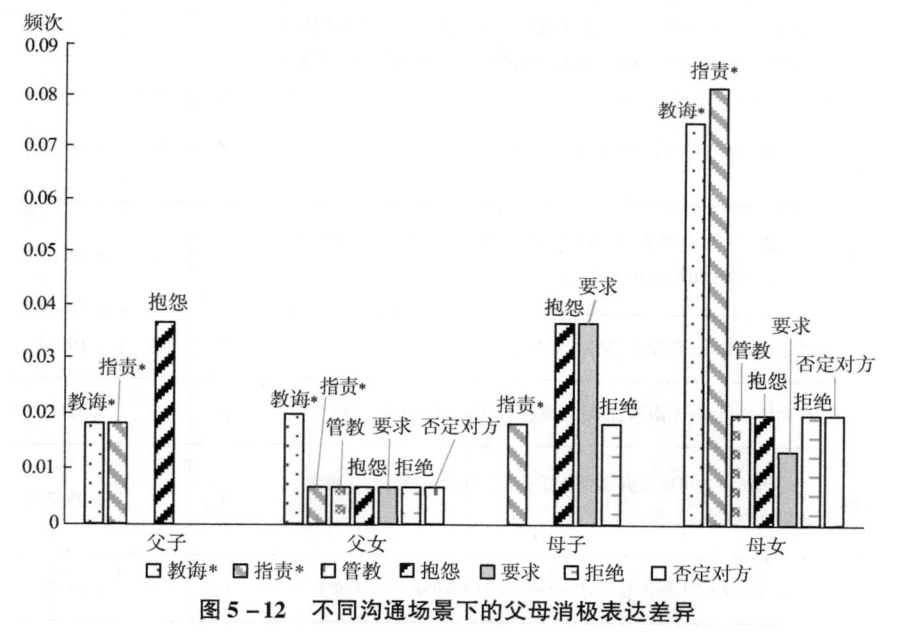

图5-12 不同沟通场景下的父母消极表达差异

注：$^*p<0.05$，$^{**}p<0.01$，$^{***}p<0.001$。父子（母子）人均编码频次＝父子（母子）编码频次/男参与者人数；父女（母女）人均编码频次＝父女（母女）编码频次/女参与者人数。

（三）子女的积极表达

子女的积极表达的亚类属按频次从多到少分别为，"祝福"（46次）、"请求帮助"（33次）、"关心"（10次）、"爱"（8次）、"调侃"（5次）、"申请"（4次）以及"想念"（4次）共7种聚焦编码。子女的积极表达编码示例以及频次数据见表5-8。

表5-8　　　　　　　　　子女积极表达频次情况

聚焦编码	示例	聊天记录(份)	频次/参考点	占沟通表达频次比(排序)
祝福	"希望我妈永远不要被'母亲'这个标签所累,她应该开心地做自己,尽情地享受作为一个女性的爱与美,最后分点盈余来扮演我的母亲,每个妈妈都是仙女,只是在漫长时光里日积月累披星戴月操碎了心,被我这样不懂事的小孩耗成了凡人,不管是不是母亲节,我想说的还是那一句,我爱我的妈妈。"(21091702403—子女)	43	46	12.07(2)
请求帮助	"爸爸,帮我买一本。"(19050106303—子女)	28	33	8.66(3)
关心	"太热了干活注意安全,爸你在那注意安全疫情还有戴好口罩吃好点。"(21090700101—子女)	7	10	2.62(11)
爱	"爸爸么么哒,我爱你。"(21090701004—子女)	7	8	2.10(14)
调侃	"北风个鬼,现在南风,你好好笑。"(21090701001—子女)	5	5	1.31(19)
申请	"妈妈所以我可以去开那个新手机吗[可怜],太卡了[恐惧]。"(19040402502—子女)	4	4	1.05(23)
想念	"我可是无时无刻不在想你,吧唧。"(21090700802—子女)	4	4	1.05(23)

对四种沟通场景下的人均编码频次进行卡方检验,发现聚焦编码"祝福"在四种沟通场景中存在显著差异($\chi^2 = 25.00$, $df = 2$, $p < 0.001$),如图5-13所示。在"祝福"的聚焦编码中,母女沟通频次最高,其次为母子沟通,然后为父女沟通,最低的为父子沟通。这说明比起父亲,子女会更多地向母亲表达祝福;比起儿子,女儿会更多地向父母表达祝福。

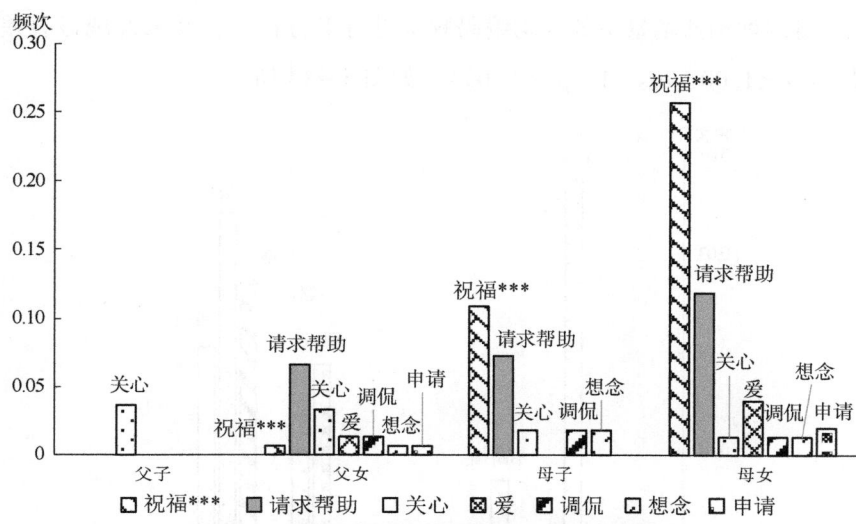

图 5-13 不同沟通场景下的子女积极表达差异

注：* $p<0.05$，** $p<0.01$，*** $p<0.001$。父子（母子）人均编码频次 = 父子（母子）编码频次/男参与者人数；父女（母女）人均编码频次 = 父女（母女）编码频次/女参与者人数。

（四）子女的消极表达

子女的消极表达的亚类属按频次从多到少分别为，"不耐烦"（6次）、"抱怨"（4次）、"敷衍"（3次）以及"忽视"（3次）共4种聚焦编码。子女的消极表达编码示例以及频次数据见表 5-9。

表 5-9　　　　　　　　　子女消极表达频次情况

聚焦编码	示例	聊天记录（份）	频次/参考点	占沟通表达频次比（排序）
不耐烦	"你收手机吧，我不想听了，你愿意咋说咋说，我也删了。"（21090700401—子女）	5	6	1.57（18）
抱怨	"哎呀，我能不知道高分占优势吗。"（21091701002—子女）	4	4	1.05（23）
敷衍	"行吧行吧。"（18020108502—子女）	3	3	0.79（29）
忽视	"父亲：长大了，该关心关心你老爹了，我好累的。子女：爸爸我没钱了（四天后）。"（21091702305—子女）	2	3	0.79（29）

对四种沟通场景下的人均编码频次进行卡方检验,并未发现显著差异(χ^2s < 1.00,dfs = 1,ps > 0.05)。如图5-14所示。

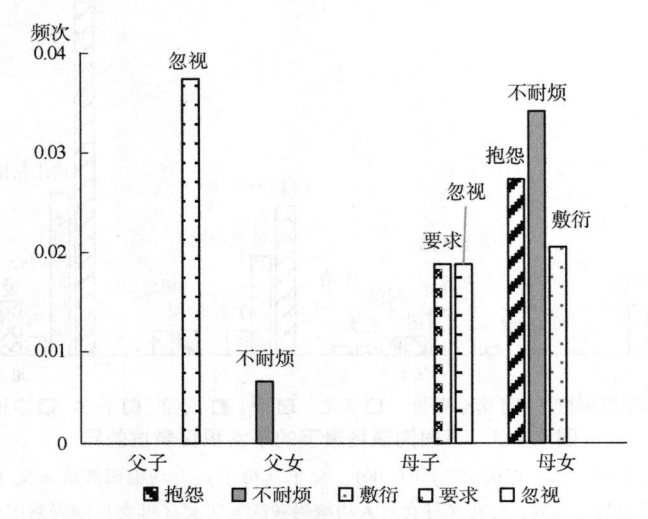

图5-14 不同沟通场景下的子女消极表达差异

注:$^*p < 0.05$,$^{**}p < 0.01$,$^{***}p < 0.001$。父子(母子)人均编码频次 = 父子(母子)编码频次/男参与者人数;父女(母女)人均编码频次 = 父女(母女)编码频次/女参与者人数。

第四节 父母—青少年微信沟通行为的质性分析的发现与启示

一 亲子微信沟通的内容

在沟通内容上,亲子微信沟通话题以日常生活和学习为主。排名前三的沟通话题分别为"日常生活""学习"和"疫情"。日常生活与学习也是面对面亲子沟通的主要内容。以往研究发现,亲子面对面沟通最多的主题是日常生活的衣、食、住、行(李昊等,2022),学习成绩也是亲子沟通的重要主题(温馨,2014),约占亲子沟通内容的68.8%(周帆,2022)。近年来,新冠疫情席卷全球,影响着人们生活的方方面面,也为亲子沟通带来了全新的话题。比如,居家隔离期间的网课、线上自习、核酸检测、健康码等相关事物的沟通、协调等,这反映了在疫情背景下产生的新的亲子沟通内容。

家长对子女学业的投入是"学习"中的重要组成部分。如今,学校强调家校共育,而微信等线上平台也成为学校与家长沟通的主要途径,如老师常常将学校通知、作业要求、资料文件等使用微信发送给家长,再由家长将其转发给学生。因此,"学校/学校课业"成为线上亲子沟通内容中频次最高的聚焦编码。大量研究揭示了家长对子女学习投入对子女学业发展的重大影响。一方面,家长对子女学习的投入和子女的学业成就之间呈正相关（Rogers, et al., 2009; Bogenschneider, et al., 1997）。另一方面,Barger 等（2019）的元分析还发现了家长投入和子女的学习适应能力（学业成就、学业参与度和学习动力）之间也存在正相关,并且这种相关关系在超过 20 年的时间内一直保持稳定。除此之外,家长投入还有助于子女对学校形成更积极的态度（Gonzalez DeHass, et al., 2005）,提升子女的自我效能感和自我调节能力（Holloway, et al., 2016）。另外,家长投入还与子女的社交能力和情绪适应能力呈正相关,和子女的犯罪行为呈负相关（Barger, et al., 2019）。

二 亲子微信沟通的目的

在沟通目的上,亲子微信沟通呈现出高工具性和低表达性的特点。这与过往研究一致,有研究通过半结构化访谈发现在移动设备上亲子沟通最常被提及的目的是协调日常安排和任务（工具性目的）（Devitt and Roker, 2009）;问卷调查同样发现工具性沟通（学习情况、经济需求）在亲子沟通中占比达到了 62%,而表达性沟通则仅占 29%（石鑫缘等,2020）。

亲子微信沟通的高工具性、低表达性可能与微信沟通的碎片性有关。微信使得日程安排等碎片化的信息可以跨越时空的局限,得以便利地传达,但是容易缺乏沟通的深度,可能造成亲子间出现假性亲密的情况（王箬茗等，2018；石鑫缘等，2020）。除此之外，由于中学生通常会被学校限制手机使用，所以其和父母的表达性沟通也可能更多地发生在线下的面对面的沟通当中。

三 亲子微信沟通的氛围

在沟通氛围上，亲子微信沟通呈现出权威性与平等性并存的特点。过往研究发现，在我国的亲子沟通氛围中，比例最大的概念词是权威型氛围（林贞，2013）。但在我们的质性分析中，权威性和平等性的频次并不存在显著差异。一方面，可能是由于近年来随着家长对家庭教育的日益重视，以及教育观念的不断更新，越来越多的家庭意识到了高控制型的权威性沟通对青少年发展的不良影响，进而促进了平等性沟通氛围的发展。另一方面，可能是由本研究中权威性与平等性的编码频次均不高造成的。由于本研究中大部分的亲子沟通都是基于"工具性"的沟通目的，这在一定程度上限制了沟通氛围的充分体现。

四 亲子微信沟通的交互同步性

在沟通同步性上，亲子微信沟通以有交互同步的沟通为主，无交互同步的沟通较少。沟通交互同步是有效沟通的基础，也是评估亲子沟通质量和亲子关系质量的重要指标（Gökhan, et al., 2012）。沟通存在交互同步意味着亲子双方在针对同一问题进行观点交换、情感交流，进而有助于加强亲子关系；无交互同步的沟通则意味着亲子双方的沟通并不在同一维度，经常自说自话，说了没回复，或者得到的回复完全是另一话题等情况，这样的沟通不仅不能对亲子间的情感交流提供帮助，还可能损伤亲子亲密和亲子信任，导致青少年在出现问题时无法及时得到父母的安慰与指导（陈琪，2022），加剧亲子间的冲突（黄琼，2021）。但值得庆幸的是，总体而言，青少年与父母在微信上的沟通还是以更加有益的有交互同步的沟通为主的。

五 亲子微信沟通的积极消极表达

在亲子微信沟通的情感表达中，呈现出积极表达多于消极表达的特点。这与过往研究一致，研究发现高中生积极情绪表达倾向显著高于消极情绪表达倾向（周文洁，2013），个体的积极情绪调节以重视和宣泄为主，但对于消极情绪则以忽视和抑制为主（黄敏儿、郭德俊，2001）。这可能是因为在社会文化中，积极情绪的表达更容易被接纳，而消极情绪的表达则可能被认为是不合时宜的。

此外，父母的沟通表达频次高于子女。这反映了在父母—青少年的沟通中，父母在情绪情感的表达上处于更主动、更主导的角色。在子女成长的过程中，父母的情绪表达会对子女的情绪社会性发展产生重要影响（Gottman，1996）。父母通过情绪表达，向孩子输出情绪信息，营造家庭情绪氛围。子女能够通过父母情绪表达，学会如何表达和管理情绪（刘雅馨，2021）。研究发现，无论是来自父亲还是母亲的积极情绪表达都能促进子女的社会能力的发展；不仅如此，父亲的消极情绪表达会阻碍子女的社会能力，而母亲的消极情绪表达则对子女的社会能力没有影响（梁宗保等，2012）。

六 亲子微信沟通的动态性

在纵向数据的对比中，本研究结果发现，亲子微信沟通具有动态性的特点。与学业压力相对较低的学期初 T1 数据相比，T2（学业压力较大的学期末时收集的）的数据则显示出工具性更多和情感表达更少的特点。在沟通话题方面，在 T1 学期初，"学校课业"的沟通话题出现频次是更高的；在 T2 学期末，"学校课业"编码减少，"作业""考试""成绩""升学""高考"等编码增加。这与过往研究一致，亲子沟通是一个动态发展过程，会随着时间推移而演变，会受到生活压力因素等影响（Jaaniste, et al., 2020）。当青少年在知觉到压力时，他们与父母联系更为频繁（Trice, 2002）。因为通过与父母沟通当前的压力感受，青少年可以获取支持和帮助，从而更好地应对压力，这也表明了亲子沟通对青少年心理健康的保护作用。

七 亲子微信沟通场景的差异

在亲子微信沟通场景中，大部分沟通编码呈现出四种沟通类型的人均频次高低排序是一致的：母女沟通频次最高，其次为母子沟通，然后为父女沟通，最低的为父子沟通。这与过往研究一致，以青少年为对象的研究（李维双，2021；周文洁，2013）和以父母为对象的研究（刘雅馨，2021）均发现女性比男性思维更感性，更善于表达情绪情感。在日常沟通中，母亲会比父亲更能察觉到孩子细微的情绪变化，也更有耐心帮助和引领孩子处理负面情绪。而父亲则对孩子的负面情绪不敏感且拒绝，对孩子的负面情绪有较少的理解和接纳，会想尽快处理掉孩子的负面情绪，较少探寻情绪背后存在的问题和意义（刘雅馨，2021）。

在消极情感表达中，发现与一般规律不一致的排序：父子沟通不再是人均频次最低的沟通场景，在很多消极情感表达的维度上，父子沟通的频率均超过了父女沟通，个别维度甚至超过了母子沟通，这体现了父子沟通中消极表达较为凸显的特点。过往研究同样发现，父子间的亲子关系更可能出现亲子问题，并存在感知差异，即子女感知到的亲子关系问题高于父母感知到的亲子关系问题，这种差异尤其体现在消极拒绝、积极拒绝、严格、过分期待、干涉、担心不安、矛盾教养行为和不一致的管教行为等几个维度上（吕军等，2022）。研究者认为，相比于女生，男生给父母带来的教养压力可能更高，使得父母采用更消极的教养方式，并最终导致亲子关系问题更加严重（Liu and Wang, 2015）。

第六章　父母—青少年微信沟通的量与亲子关系的交叉滞后研究

第一节　线上亲子沟通与亲子关系的关联研究

一　线上亲子沟通与亲子关系

亲子沟通与亲子关系间的联系极为紧密，两者间交互影响，密不可分。一方面，亲子沟通塑造了并将持续塑造亲子关系（Olson, et al., 1983）；另一方面，亲子关系也影响着亲子沟通在质和量上的各种特点（Kaat and Vermeiren, 2005）。因此，亲子沟通质量一直被视作衡量亲子关系质量的核心指标（Noller and Bagi, 1985；García – Moya, et al., 2013），有研究者甚至直接用"亲子沟通"来指代"亲子关系"（王佳宁等，2009）。

实证研究证据也支持了线上亲子沟通与亲子关系的正向关联。Warren 和 Aloia（2018）的研究表明，线上亲子沟通的频率与亲子关系的亲密度存在显著的正相关；Niu（2020）发现，线上亲子沟通的频率也能够显著预测留守青少年与其父母之间的亲子关系——线上亲子沟通频率高的留守青少年，更容易与其父母保持良好的亲子关系。不仅如此，留守青少年的特质感激水平调节了这一关联——高特质感激水平增强了线上亲子沟通频率对留守青少年亲子关系的积极影响。还有一些研究者关注了线上亲子沟通的时长或频率与亲子关系之间的关联。比如，Coyne 等（2014）发现，线上亲子沟通的时长与亲子关系之间存在显著的正相关，线上沟通时间越长，亲子间的关系越牢固。关于亲子间电话沟通的研究揭示了亲子通话频率与亲子关系满意度、亲子亲密、亲子支持、亲子帮助之间的正相关（王敏，2021；Wang, et al., 2015；Ramsey, et al., 2013；Gentzler, et al., 2011）。另外一些研究者着眼于考察亲子沟通过程中的特定信息对亲子关系的影响。比如，Aloia 和 Warren（2019）用问卷方法考察了父母通过手机与青少年子女进行的三类关系维护行为（计划协调、情感支持和信息分享）的频率，结果发现，父母的三类线上关系维护行为与亲子关系质量存在普遍的正向关联。国内对大学生群体的考察也支持了大学生与父母的微信沟通与亲子关系之间的正向关联（金子莘，2018；罗珍珍，2019；汤雯，2019）。然而，上述研究的一大局限在于，其研究设计均为横断研究设计，因而这些研究揭示的亲子线上沟通与亲子关系的关联只能是一种相关而无法揭示因果。

二　线上亲子沟通与家庭关系

首先，从理论建构上，多位学者的理论模型从不同的角度强调了亲子沟通在家庭系统中扮演的重要角色。Fizpatrick 和 Ritchie（1994）的家庭沟通图式理论指出，家庭成员关于家庭关系和成员间沟通的内在工作模型即家庭沟通图式，且家庭系统中不同关系下的沟通图式相互独立，亲子沟通即独立于夫妻沟通之外的家庭沟通图式的重要方面。Epstein 等（1993）的 McMaster 家庭功能模型更是把沟通列为家庭六大功能（问题解决、沟通、角色分工、情感反应、情感介入和行为控制）之一，不仅如此，该模型还强调沟通维度发挥着维护其他五个功能维度的重要作用。Barnes 和 Olson（1985）的曲线理论模型认为，亲密性和适应性是家庭功能的两个基本维度，前者反映了家庭成员间的情感联系水平，后者反映了家庭应对外部事件的有效性程度；而家庭功能的第三个维度即沟通，沟通发挥着推动亲密性和适应性的重要作用。

其次，过往的实证研究证据也支持了亲子沟通与家庭关系之间的正向关联。比如，Givertz 和 Segrin（2014）的研究表明，开放积极的亲子沟通与青少年的家庭满意度呈显著的正相关。而对线上亲子沟通与家庭关系的考察也得到了类似的结果。比如，Carvalho, et al.（2017）的研究表明，在青少年与家人的线上沟通中，载体的丰富程度与家庭功能存在显著的正向关联——家庭中线上沟通载体的丰富度越高，家庭功能水平也越高。Chesley 和 Fox（2012）对家庭沟通的研究发现，女性认为与家庭成员的电子邮件沟通促进了成员间的亲密感和相互了解，增强了家庭关系。Wang 等（2015）还发现，相较于其他线上沟通载体，以电话为载体进行亲子沟通的参与者普遍汇报了更高水平家庭幸福感。Hodge（2012）采用纵向研究设计考察了线上家庭沟通与家庭功能之间的关系，结果表明，线上家庭沟通的频率与家庭功能之间存在显著的正相关，并且这种关联还表现出跨时间的稳定性。

综上不难看出，以往研究揭示了线上亲子沟通与亲子关系和家庭关系均存在一定的正向关联。然而，这些研究均以横断研究设计为主，只考察了变量之间的共时相关。迄今为止，还没有研究着眼于澄清线上亲子沟通与亲子关系之间的因果关系问题：到底是频繁的线上亲子沟通导致了好的亲子关系，还是好的亲子关系使得线上亲子沟通更频繁？又或者是，两种关系同时存在（二者处于交互影响关系）？受制于横断研究设计的局限性，现有研究无法对这一重要问题进行回答。在这样的背景下，研究三将采用纵向追踪研究设计，并通过交叉滞后分析考察亲子微信沟通与亲子关系、家庭关系间的准因果关联。具体地说，研究 3a 将聚焦于考察研究 2a 中分析得出的父母与青少年间的微信沟通的量的特点,对其与亲子关系和家庭关系进行交叉滞后分析;研究 3b 则将聚焦于考察研究 2b 中分析得出的父母与青少年间的微信沟通的质的特点,对其与亲子关系和家庭关系进行交叉滞后分析。

第二节 父母—青少年微信沟通的量与亲子关系的交叉滞后研究方法

一 参与者

本研究的参与者为研究 2a 招募的 215 名 10—18 岁平时会与父母在微信上沟通的青少年,其中提供了至少一份亲子微信沟通内容的有效参与者为 206 名。有效参与者人口统计学信息见研究 2a 中表 4–1。

二 研究流程

完成知情同意程序后,主试将一对一协助参与者进行时间间隔为 4 个月的两次(T1 和 T2)微信聊天数据收集,两次数据收集流程完全相同:主试线上联系参与者,确保其处于安静不被打扰的环境下之后,协助参与者通过微信转发功能,匿名向课题组微信号发送近一周内自己分别与父亲和母亲的单独微信聊天记录。

然后,主试向参与者发送一个问卷链接,请其完成对亲子关系质量和家庭幸福感的测量。

三 研究工具

亲子关系质量量表:采用王美萍和张文新(2007)修订的家庭适应与亲和评价量表,见附录。该量表共包含 10 个条目,采用 1—5 点计分,从 "1 几乎从不"到"5 几乎总是"。该量表包含内容相同的父子关系质量和母子关系质量两个分量表。在 T1 和 T2 两次测量中父子关系质量的 α 系数分别为 0.71 和 0.78，母子关系质量的 α 系数分别为 0.70 和 0.77。

家庭幸福感量表：采用 Wang 等（2015）在中国情境下编制的家庭幸福感量表测量青少年的家庭幸福感，见附录。量表包含三个项目，采用 11 点评分，评分范围从 "0 从不" 到 "10 很多"。在 T1 和 T2 两次测量中家庭幸福感量表的 α 系数分别为 0.94 和 0.95。

四　数据分析与处理

基于研究 2a 对亲子微信沟通中量化指标的计数，在 T1 和 T2 时间点分别得到母子沟通中的母亲、母子沟通中的子女、父子沟通中的父亲、父子沟通中的子女四类沟通主体的下述 11 种量化指标。

然后，我们使用统计软件 SPSS 26.0 对各量化指标和问卷测得的 T1 和 T2 的亲子关系质量、家庭幸福感进行相关分析，使用软件 Mplus 8.3 对各量化指标与亲子关系质量、家庭幸福感之间的关系进行交叉滞后分析。

表 6-1　　　　　　　　亲子微信沟通量化指标一览

指标类别	指标名称及来源
沟通的频次	一周内，父(母)子沟通中父(母)亲、子女各自发出的
	文字数：文字消息的条数
	语音数：语音消息的条数
	通话数：音视频通话的条数
	图片数：图片的数量
	视频数：视频的数量
	表情数：表情符号的数量
	链接数：分享链接的数量
	红包数：红包的数量
	文档数：文档的数量

续表

指标类别	指标名称及来源
沟通的频次	沟通总数：上述信息数之和
沟通的主动性	一周内，父(母)子沟通中父(母)亲、子女各自的
	主动总数：某天父(母)子沟通的第一条信息是由谁发出的，谁的主动数就记1，一周内的主动数之和

第三节 父母—青少年微信沟通的量与亲子关系的关联分析

一 相关分析

(一) 各变量的跨时相关分析

相关分析表明，在母子沟通过程中，母子沟通中的母亲、母子沟通中的子女、父子沟通中的父亲、父子沟通中的子女四类沟通主体的11种量化指标在T1、T2两次收集之间普遍存在显著正相关，相关系数为 0.14—0.76 ($ps<0.05$)，说明不同沟通主体在亲子微信沟通中使用各种载体的数量、发送消息的总数量及其沟通的主动性均具有一定程度的跨时间稳定性。

相关分析表明，父子、母子关系质量以及家庭幸福感在T1、T2两次收集之间也普遍存在显著正相关，相关系数为 0.59—0.79 ($ps<0.05$)，说明亲子关系质量具有一定程度的跨时间稳定性。

(二) 亲子沟通行为与亲子关系的共时相关分析

母子沟通中的各量化指标与母子关系质量和家庭幸福感的相关见表 6-2。T1 中，对母子关系质量，只有母亲的主动总数 ($r=0.14$, $p<$

0.05）和表情数（$r=0.17$，$p<0.05$）与其存在显著正相关；对家庭幸福感，母亲的沟通总数（$r=0.16$，$p<0.05$）、文字数（$r=0.20$，$p<0.01$），以及子女的文字数（$r=0.18$，$p<0.05$）均与其存在显著正相关。T2中，对母子关系质量，母亲的沟通总数（$r=0.16$，$p<0.05$）、文字数（$r=0.15$，$p<0.05$）、表情数（$r=0.14$，$p<0.05$），以及子女的沟通总数（$r=0.17$，$p<0.05$）和表情数（$r=0.18$，$p<0.05$）均与其存在显著正相关；对家庭幸福感，只有子女视频数（$r=0.15$，$p<0.05$）与其存在显著正相关。

表6-2 母子微信沟通量化指标与母子关系质量和家庭幸福感的相关

量化指标	T1 数据				T2 数据			
	母子关系质量		家庭幸福感		母子关系质量		家庭幸福感	
	母亲	子女	母亲	子女	母亲	子女	母亲	子女
主动总数	0.14*	0.07	-0.10	-0.09	0.03	0.08	-0.04	-0.06
沟通总数	0.11	0.07	0.16*	-0.13	0.16*	0.17*	-0.09	-0.08
文字数	0.12	0.05	0.20**	0.18*	0.15*	0.11	-0.10	-0.10
表情数	0.17*	-0.02	0.02	-0.13	0.14*	0.18*	-0.10	-0.05
语音数	0.02	0.07	-0.04	0.03	0.01	0.09	-0.03	0.04
通话数	0.00	0.04	0.04	0.06	0.06	0.12	0.06	0.00
图片数	0.08	0.13	-0.07	0.05	0.08	0.13	-0.03	0.08
视频数	0.03	0.06	0.09	0.05	0.07	0.02	0.11	0.15*
链接数	0.13	0.04	0.04	-0.03	0.09	-0.02	0.07	0.11
红包数	-0.05	-0.06	-0.1	-0.05	0.01	0.02	-0.04	-0.08
文档数	0.00	0.13	-0.03	0.00	0.00	0.03	-0.01	0.03

注：*$p<0.05$，**$p<0.01$，***$p<0.001$。

父子沟通中的各量化指标与父子关系质量和家庭幸福感的相关见表6-3。T1 中，对父子关系质量，父亲的视频数（$r=0.14$，$p<0.05$）与其存在显著正相关，但父亲表情数（$r=-0.16$，$p<0.05$）和子女表情数（$r=-0.16$，$p<0.05$）均与其存在显著负相关；对家庭幸福感，所有相关均不显著。T2 中，对父子关系质量而言，只有子女的链接数与其显著正相关（$r=0.16$，$p<0.05$）；对家庭幸福感而言，也只有子女的链接数（$r=0.16$，$p<0.05$）与其存在显著正相关。

表6-3 父子微信沟通量化指标与父子关系质量和家庭幸福感的相关

量化指标	T1 数据				T2 数据			
	父子关系质量		家庭幸福感		父子关系质量		家庭幸福感	
	父亲	子女	父亲	子女	父亲	子女	父亲	子女
主动总数	-0.02	0.06	-0.07	-0.06	-0.06	0.12	-0.05	0.04
沟通总数	-0.02	-0.05	-0.11	-0.13	-0.13	0.09	-0.03	0.02
文字数	-0.04	-0.05	-0.09	-0.13	-0.13	0.09	-0.02	-0.02
表情数	-0.16*	-0.16*	-0.11	-0.11	-0.11	-0.03	-0.11	-0.03
语音数	0.03	0.06	-0.07	0.00	0.00	0.06	-0.03	0.13
通话数	0.03	0.11	-0.06	0.04	0.04	0.07	-0.04	0.01
图片数	0.00	0.08	0.04	-0.02	-0.02	0.09	0.06	0.06
视频数	0.14*	0.03	0.01	-0.05	-0.05	-0.01	0.07	0.04
链接数	-0.08	0.08	-0.07	0.09	0.09	0.16*	0.08	0.16*
红包数	-0.08	-0.04	-0.13	-0.11	-0.11	0.04	0.00	0.00
文档数	-0.04	0.06	0.04	0.00	0.00	0.03	0.07	0.03

注：*$p<0.05$，**$p<0.01$，***$p<0.001$。

二 交叉滞后分析

（一）母子关系质量与母子微信沟通行为的交叉滞后分析

构建母子关系质量与母子沟通行为（母子沟通中母亲和子女的各11个量化指标）的22个交叉滞后模型，最终得到存在交叉影响的模型5个，由于该5个模型均为饱和模型，因此仅关注其路径系数（张莉等，2019；Steeger and Gondoli，2013）。

母子关系质量与母亲沟通总数的交叉滞后分析结果如图6-1所示。母子关系（$\beta=0.67$，$p<0.01$）和母亲沟通总数（$\beta=0.30$，$p<0.01$）从T1至T2的自回归路径系数均显著，表明其在两次测量间的稳定性。在交叉路径中，T1母子关系显著正向预测T2母亲沟通总数（$\beta=0.37$，$p<0.05$），而T1母亲沟通总数对T2母子关系（$\beta=-0.03$，$p=0.09$）的影响路径不显著。

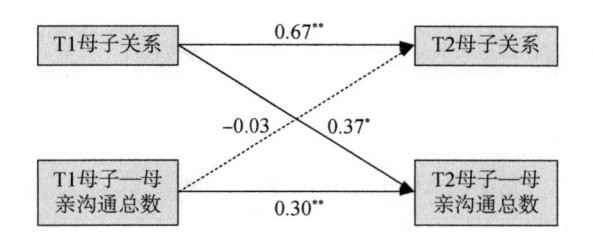

图6-1 母子关系质量与母亲沟通总数的交叉滞后分析结果

注：$^{*}p<0.05$，$^{**}p<0.01$。

母子关系质量与母亲文字数的交叉滞后分析结果如图6-2所示，母子关系（$\beta=0.67$，$p<0.01$）和母亲文字数（$\beta=0.44$，$p<0.01$）从T1至T2的自回归路径系数均显著，表明其在两次测量间的稳定性。在交叉路径中，T1母子关系显著正向预测T2母亲文字数（$\beta=0.25$，$p<0.05$），而T1母亲文字数对T2母子关系（$\beta=-0.05$，$p=0.07$）的影响路径不显著。

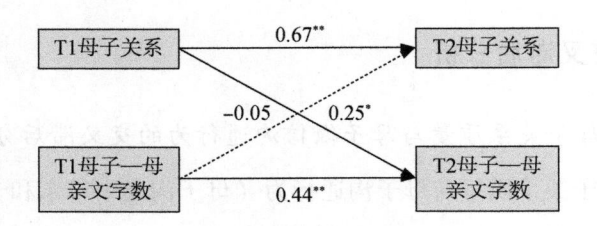

```
        ┌─────────┐      0.67**       ┌─────────┐
        │ T1母子关系 │ ───────────────→ │ T2母子关系 │
        └─────────┘                    └─────────┘
              ╲      -0.05    0.25*    ╱
               ╲                      ╱
        ┌─────────┐                    ┌─────────┐
        │T1母子—母 │                    │T2母子—母 │
        │ 亲文字数  │ ────0.44**──────→  │ 亲文字数  │
        └─────────┘                    └─────────┘
```

图 6-2　母子关系质量与母亲文字数的交叉滞后分析结果

注：$^{*}p<0.05$，$^{**}p<0.01$。

母子关系质量与子女沟通总数的交叉滞后分析结果如图 6-3 所示，母子关系（$\beta=0.67$，$p<0.01$）和子女沟通总数（$\beta=0.25$，$p<0.01$）从 T1 至 T2 的自回归路径系数均显著，表明其在两次测量间的稳定性。在交叉路径中，T1 母子关系显著正向预测 T2 子女沟通总数（$\beta=0.63$，$p<0.05$），而 T1 子女沟通总数对 T2 母子关系（$\beta=-0.02$，$p=0.16$）的影响路径不显著。

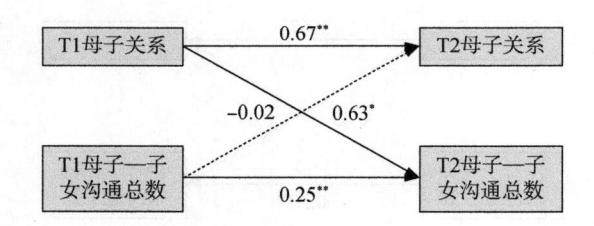

```
        ┌─────────┐      0.67**       ┌─────────┐
        │ T1母子关系 │ ───────────────→ │ T2母子关系 │
        └─────────┘                    └─────────┘
              ╲      -0.02    0.63*    ╱
        ┌─────────┐                    ┌─────────┐
        │ T1母子—子│                    │ T2母子—子│
        │ 女沟通总数│ ────0.25**──────→ │ 女沟通总数│
        └─────────┘                    └─────────┘
```

图 6-3　母子关系质量与子女沟通总数的交叉滞后分析结果

注：$^{*}p<0.05$，$^{**}p<0.01$。

母子关系质量与子女文字数的交叉滞后分析结果如图 6-4 所示，母子关系（$\beta=0.67$，$p<0.01$）和子女文字数（$\beta=0.32$，$p<0.01$）从 T1 至 T2 的自回归路径系数均显著，表明其在两次测量间的稳定性。在交叉路径中，T1 母子关系显著正向预测 T2 子女文字数（$\beta=0.43$，$p<0.05$），而 T1 子女文字数对 T2 母子关系（$\beta=-0.03$，$p=0.12$）的影响路径不显著。

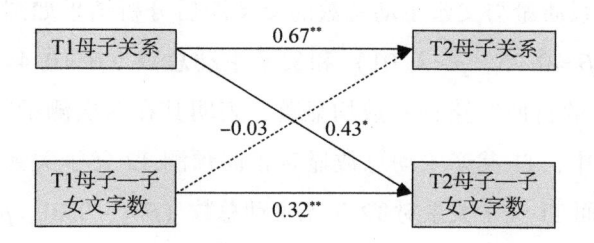

```
        T1母子关系 ——0.67**——→ T2母子关系
                  ╲  0.43* ╱
           -0.03   ╳
                  ╱        ╲
        T1母子—子 ——0.32**—→ T2母子—子
         女文字数              女文字数
```

图 6-4 母子关系质量与子女文字数的交叉滞后分析结果

注：* $p<0.05$，** $p<0.01$。

母子关系质量与子女表情数的交叉滞后分析结果如图 6-5 所示，母子关系（$\beta=0.67$，$p<0.01$）和子女表情数（$\beta=0.39$，$p<0.01$）从 T1 至 T2 的自回归路径系数均显著，表明其在两次测量间的稳定性。在交叉路径中，T1 母子关系显著正向预测 T2 子女表情数（$\beta=0.17$，$p<0.05$），而 T1 子女表情数对 T2 母子关系（$\beta=-0.07$，$p=0.34$）的影响路径不显著。

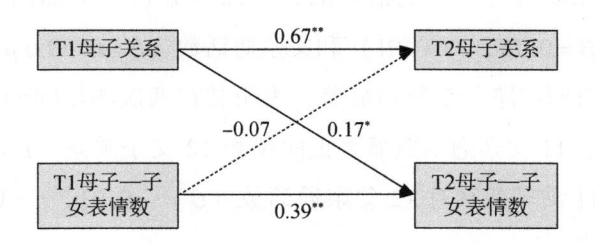

```
        T1母子关系 ——0.67**——→ T2母子关系
                  ╲  0.17* ╱
           -0.07   ╳
                  ╱        ╲
        T1母子—子 ——0.39**—→ T2母子—子
         女表情数              女表情数
```

图 6-5 母子关系质量与子女表情数的交叉滞后分析结果

注：* $p<0.05$，** $p<0.01$。

（二）父子关系质量与父子微信沟通行为的交叉滞后分析

构建父子关系质量与父子沟通行为（父子沟通中父亲和子女的各 11 个量化指标）的 22 个交叉滞后模型，最终得到存在交叉影响的模型 3 个，由于该 3 个模型均为饱和模型，仅关注其路径系数。

父子关系质量与父亲主动总数的交叉滞后分析结果如图 6-6 所示。父子关系（$\beta = 0.75$，$p < 0.01$）和父亲主动总数（$\beta = 0.44$，$p < 0.05$）从 T1 至 T2 的自回归路径系数均显著，表明其在两次测量间的稳定性。在交叉路径中，T1 父亲主动总数显著正向预测 T2 父子关系（$\beta = 0.65$，$p < 0.05$），而 T1 父子关系对 T2 父亲主动总数（$\beta = -0.01$，$p = 0.47$）的影响路径不显著。

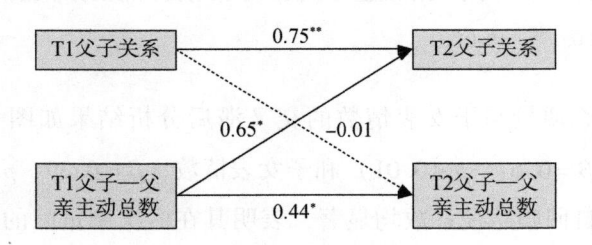

图 6-6　父子关系质量与父亲主动总数的交叉滞后分析结果

注：$^* p < 0.05$，$^{**} p < 0.01$。

父子关系质量与父亲通话数的交叉滞后分析结果如图 6-7 所示。父子关系（$\beta = 0.75$，$p < 0.01$）和父亲通话数（$\beta = 0.39$，$p < 0.05$）从 T1 至 T2 的自回归路径系数均显著，表明其在两次测量间的稳定性。在交叉路径中，T1 父亲通话数显著正向预测 T2 父子关系（$\beta = 0.62$，$p < 0.05$），而 T1 父子关系对 T2 父亲通话数（$\beta = -0.01$，$p = 0.47$）的影响路径不显著。

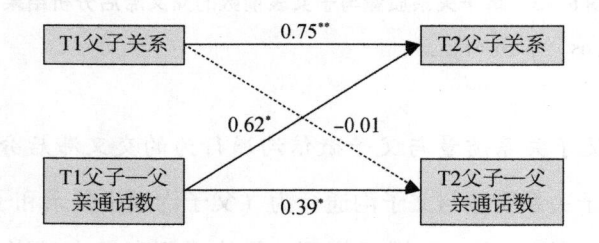

图 6-7　父子关系质量与父亲通话数的交叉滞后分析结果

注：$^* p < 0.05$，$^{**} p < 0.01$。

父子关系质量与父亲图片数的交叉滞后分析结果如图 6-8 所示。父子关系（$\beta=0.75$，$p<0.01$）和父亲图片数（$\beta=0.17$，$p<0.01$）从 T1 至 T2 的自回归路径系数均显著，表明其在两次测量间的稳定性。在交叉路径中，T1 父亲图片数显著正向预测 T2 父子关系（$\beta=1.21$，$p<0.05$），而 T1 父子关系对 T2 父亲图片数（$\beta=0.01$，$p=0.71$）的影响路径不显著。

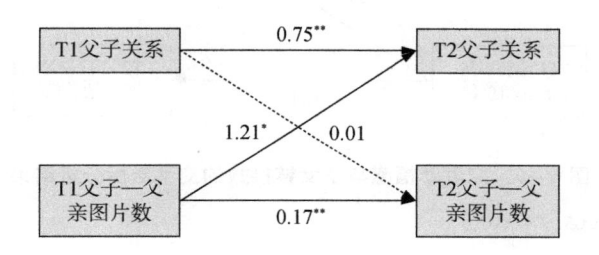

图 6-8　父子关系质量与父亲图片数的交叉滞后分析结果

注：$^{*}p<0.05$，$^{**}p<0.01$。

（三）家庭幸福感与母子微信沟通行为的交叉滞后分析

构建家庭幸福感与母子沟通行为（母子沟通中母亲和子女的各 11 个量化指标）的 22 个交叉滞后模型，发现所有模型都不存在显著的交叉影响。

（四）家庭幸福感与父子微信沟通行为的交叉滞后分析

构建家庭幸福感与父子沟通行为（父子沟通中父亲和子女的各 11 个量化指标）的 22 个交叉滞后模型，最终得到存在交叉影响的模型 2 个，由于该 2 个模型均为饱合模型，仅关注其路径系数。

家庭幸福感与子女链接数的交叉滞后分析结果如图 6-9 所示。家庭幸福感（$\beta=0.74$，$p<0.01$）和父亲主动总数（$\beta=0.44$，$p<0.01$）从 T1 至 T2 的自回归路径系数均显著，表明其在两次测量间的稳定性。

在交叉路径中，T1 父亲主动总数显著正向预测 T2 家庭幸福感（$\beta = 0.53$, $p < 0.05$），而 T1 家庭幸福感对 T2 父亲主动总数（$\beta = 0.00$, $p = 0.99$）的影响路径不显著。

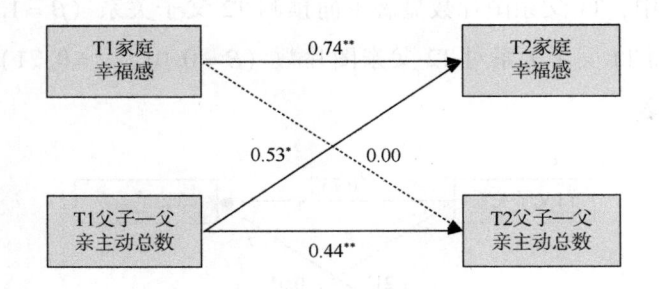

图 6-9　家庭幸福感与子女链接数的交叉滞后分析结果

注：$^{*}p < 0.05$，$^{**}p < 0.01$。

家庭幸福感与父亲通话数的交叉滞后分析结果如图 6-10 所示。家庭幸福感（$\beta = 0.74$, $p < 0.01$）和父亲通话数（$\beta = 0.20$, $p < 0.01$）从 T1 至 T2 的自回归路径系数均显著，表明其在两次测量间的稳定性。在交叉路径中，T1 父亲通话数显著正向预测 T2 家庭幸福感（$\beta = 0.63$, $p < 0.05$），而 T1 家庭幸福感对 T2 父亲通话数（$\beta = -0.01$, $p = 0.34$）的影响路径不显著。

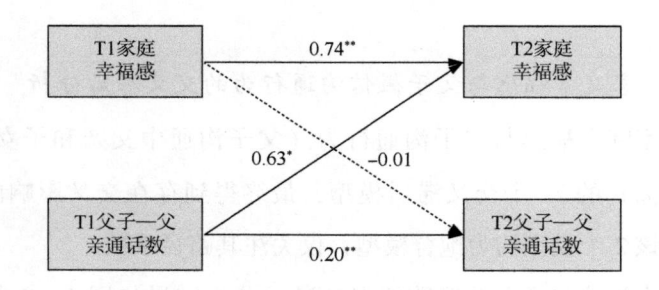

图 6-10　家庭幸福感与父亲通话数的交叉滞后分析结果

注：$^{*}p < 0.05$，$^{**}p < 0.01$。

第四节　父母—青少年微信沟通的量与亲子关系的交叉滞后的发现与启示

基于以往研究缺乏对线上沟通与亲子关系及家庭关系之间的影响方向的澄清，本研究采用纵向研究设计的方法，通过交叉滞后分析，重点考察了亲子微信沟通与亲子关系质量，以及家庭幸福感之间的相互影响关系。

一　母子关系质量促进母子双方的微信沟通行为

本研究发现，在青少年与母亲的微信沟通中，T1 的母子关系质量能够显著正向预测 T2 的母亲、子女沟通总数，母亲、子女文字数，以及子女表情数；而 T1 的母子微信沟通行为不能预测 T2 的母子关系质量。该结果表明，在母子关系质量与母子微信沟通的相互影响关系中，母子关系质量起着决定性的作用，能够正向预测跨时间的母亲和子女的微信沟通行为——高质量的母子关系会导致母子之后的微信沟通更频繁——使双方发送的信息总量和文字信息数量均增多，子女发送给母亲的表情符号数量增多。

此外，母子微信沟通与家庭幸福感不存在交叉影响关系。

二　父亲的微信沟通行为促进父子关系质量

在青少年与父亲的微信沟通中，T1 父亲的主动总数、通话数和图片数均能显著正向预测 T2 的父子关系质量；而 T1 的父子关系质量不能预测父子双方的微信沟通行为。该结果表明，在父子关系质量与父子微信沟通的相互影响关系中，父亲的微信沟通行为起着决定性的作用，能正向预测跨时间的父子关系质量；当父亲在微信上与孩子积极主动地沟通，向孩子发起更多通话和图片信息时，其与孩子的关系质量也会随之提高。

此外，T1 的父亲主动数和通话数还能显著正向预测 T2 的家庭幸福感，这说明在家庭幸福感与父子微信沟通的相互影响关系中，父亲的微信沟通行为依然起着决定性的作用，能正向预测跨时间的家庭幸福感：当父亲在微信上与孩子积极主动地沟通，向孩子发起更多通话时，孩子对整个家庭幸福感的知觉也会随之提升。

三　母子和父子微信沟通影响结果的差异

可以看出，母子和父子微信沟通在影响结果上是存在较大差异的：母子微信沟通行为受母子关系影响，但并不能促进母子关系；而父子微信沟通行为不受父子关系影响，却能促进父子关系和家庭幸福感。这种差异可能与线上沟通在母子和父子沟通中扮演的不同角色有关。由于母亲在子女养育中投入更多，母亲与孩子的大量沟通都是在面对面的线下情境中完成的，母亲会更频繁、更积极地与孩子交流，从孩子那里获得更多的信息，并提供更多的关心和及时的支持（Coyne, et al., 2014; Smetana, et al., 2006）。因此，在整个母子沟通中，微信沟通的占比较小，其只是线下沟通自然拓展和延伸，是良好母子关系的表现和影响结果。而对父亲而言，由于父亲在养育上的参与度远远小于母亲（Barrera and Garrison - Jones, 1992; Forehand and Nousiainen, 1993; Jacob and Johnson, 1997），父子间面对面的线下沟通也较为贫乏（Coyne, et al., 2014），所以微信沟通的出现弥补了父子线下沟通的不足，为增加父亲参与，改善父子关系，提升家庭幸福感提供了机会（Shek, 1999）。

除此之外，相关分析还揭示了一个有趣的父母差异：在母子沟通中，母子双方使用表情符号的频次均与母子关系质量存在正相关；但在父子沟通中，父子双方使用表情符号的频次则与父子关系质量存在负相关。这很可能与表情符号的不同使用目的有关。一方面，表情符号可以补充文字信息中情绪线索的缺失，使表达方式更加灵活生动，沟通氛围更加轻松平等，意思传达更加准确贴切，从而有利于促进沟通双方的关系质量。但另一方面，表情符号也可能被用在沟通者无话可说或者想敷衍了事的状态下，进而不利于沟通双方的关系质量。因此，对上述相关结果的可能推测是，母子沟通时对表情符号的使用更多的是服务于活跃气氛，促进情绪情感表达的目的，因而表情符号用得越多，关系质量越高；而父子沟通时对表情符号的使用则可能更多的是服务于缓解尴尬、填充空白、终结沟通等目的，因而表情符号用得越多关系质量反而越差。

  从理论上讲，本研究结果澄清了亲子微信沟通与亲子关系的因果关系问题，发现了母子与父子微信沟通的影响差异，为深入认识亲子线上沟通数量的影响效果提供了纵向研究证据。从实践上，本研究结果启示我们，微信作为一个极其便利、涵盖多种表达方式、沟通氛围较为平等轻松的平台，为亲子沟通提供了很好的机会，尤其对平日面对面沟通较为贫乏的父子关系而言，父亲使用微信与孩子积极主动地沟通会让孩子感知到来自父亲的关心和爱护，显著提升孩子对于父子关系和家庭幸福感的感知，是弥补父子沟通不足的良好渠道。

第七章　父母—青少年微信沟通的质与亲子关系的交叉滞后研究

第一节　父母—青少年微信沟通的质与亲子关系的交叉滞后研究方法

一　参与者

本研究的参与者为研究 2a 招募的 215 名 10—18 岁平时会与父母在微信上沟通的青少年，其中提供了至少一份亲子微信沟通内容的有效参与者为 206 名。有效参与者人口统计学信息见研究 2a 中表 4-1。

二　研究流程

完成知情同意程序后，主试将一对一协助参与者进行时间间隔为 4 个月的两次（T1 和 T2）微信聊天数据收集，两次数据收集流程完全相同：主试线上联系参与者，确保其处于安静不被打扰的环境下后，协助参与者通过微信转发功能，匿名向课题组微信号发送近一周内自己分别与父亲和母亲的单独微信聊天记录。

然后，主试向参与者发送一个问卷链接，请其完成对亲子关系质量和家庭幸福感的测量。

三 研究工具

亲子关系质量量表：采用王美萍和张文新（2007）修订的家庭适应与亲和评价量表，见附录。该量表共包含10个条目，采用1—5点计分，从"1几乎从不"到"5几乎总是"。该量表包含内容相同的父子关系质量和母子关系质量两个分量表。在T1和T2两次测量中父子关系质量的α系数分别为0.71和0.78，母子关系质量的α系数分别为0.70和0.77。

家庭幸福感量表：采用Wang等（2015）在中国情境下编制的家庭幸福感量表测量青少年的家庭幸福感，见附录。量表包含三个项目，采用11点评分，评分范围从"0从不"到"10很多"。在T1和T2两次测量中家庭幸福感量表的α系数分别为0.94和0.95。

四 数据分析与处理

基于研究2b对亲子微信沟通中的质性指标，在T1和T2时间点分别得到母子沟通、父子沟通两类沟通主体的下述14种编码频次："沟通内容：日常生活""沟通内容：学习""沟通内容：钱""沟通内容：疫情""沟通内容：家庭""沟通内容：其他话题""沟通交互同步：有交互""沟通交互同步：无交互""沟通目的：工具性""沟通目的：表达性""沟通表达：父母积极情感表达""沟通表达：子女积极情感表达""沟通表达：父母消极情感表达""沟通表达：子女消极情感表达""沟通氛围"因编码频次过少未被纳入分析。

然后，我们使用统计软件SPSS 26.0对各编码频次和问卷测得的T1和T2的亲子关系质量、家庭幸福感进行相关分析，使用软件Mplus 8.3对各编码频次与亲子关系质量、家庭幸福感之间的关系进行交叉滞后分析。

第二节 父母—青少年微信沟通的质与亲子关系的关联分析

一 相关分析

(一) 各变量的跨时相关分析

相关分析表明，母子沟通和父子沟通的各 14 种编码频次在 T1、T2 两次收集之间普遍存在显著正相关，相关系数为 0.14—0.76（$ps < 0.05$），说明不同沟通主体在亲子微信沟通的质性编码上具有一定程度的跨时间稳定性；父子、母子关系质量以及家庭幸福感在 T1、T2 两次收集之间也普遍存在显著正相关，相关系数为 0.45—0.79（$ps < 0.001$），说明亲子关系质量具有一定程度的跨时间稳定性。

(二) 亲子沟通行为与亲子关系的共时相关分析

母子沟通中的各编码频次与母子关系质量和家庭幸福感的相关见表 7-1。T1 中，对母子关系质量，只有"沟通内容：学习"（$r = 0.17$，$p < 0.05$）和"沟通目的：工具性"（$r = 0.17$，$p < 0.05$）与其存在显著正相关；T2 中，对母子关系质量，只有"沟通目的：工具性"（$r = 0.14$，$p < 0.05$）、"沟通交互同步：有交互"（$r = 0.20$，$p < 0.01$）与其存在显著正相关。各编码频次与家庭幸福感的相关均不显著。

表 7-1 母子微信沟通编码频次与母子关系和家庭幸福感的相关

量化指标	聚焦编码	T1 数据		T2 数据	
		母子关系质量	家庭幸福感	母子关系质量	家庭幸福感
沟通内容	日常生活	0.08	-0.07	0.10	-0.03
	学习	0.17*	-0.08	0.13	-0.00

续表

量化指标	聚焦编码	T1 数据		T2 数据	
		母子关系质量	家庭幸福感	母子关系质量	家庭幸福感
沟通内容	钱	-0.12	-0.13	-0.05	-0.10
	疫情	-0.04	-0.10	0.05	-0.01
	家庭	0.09	-0.05	-0.03	-0.04
	其他话题	-0.06	-0.08	0.09	0.05
沟通目的	工具性	0.17*	-0.01	0.14*	-0.08
	表达性	-0.13	-0.09	0.03	-0.11
沟通交互同步	有交互	0.01	-0.05	0.20**	0.01
	无交互	0.07	-0.04	-0.08	-0.02
沟通表达	父母积极情感表达	0.09	0.00	0.10	-0.05
	子女积极情感表达	-0.01	-0.04	0.07	-0.05
	父母消极情感表达	-0.09	-0.11	-0.03	-0.12
	子女消极情感表达	-0.05	-0.02	0.00	-0.01

注：* $p<0.05$，** $p<0.01$，*** $p<0.001$。

父子亲子沟通中的各编码频次与父子关系质量和家庭幸福感的相关见表 7-2。T2 中，对父子关系质量，父子沟通中的"沟通内容：学习"（$r=0.14$，$p<0.05$）、"沟通内容：其他话题"（$r=0.16$，$p<0.05$）均与其存在显著正相关。其他两两相关均不显著。

表 7-2　父子微信沟通编码频次与父子关系和家庭幸福感的相关

量化指标	聚焦编码	T1 数据		T2 数据	
		父子关系质量	家庭幸福感	父子关系质量	家庭幸福感
沟通内容	日常生活	0.12	-0.02	0.13	0.08
	学习	-0.04	-0.06	0.14*	0.06

续表

量化指标	聚焦编码	T1 数据		T2 数据	
		父子关系质量	家庭幸福感	父子关系质量	家庭幸福感
沟通内容	钱	-0.07	-0.04	-0.07	0.01
	疫情	-0.02	0.06	0.08	0.09
	家庭	-0.09	0.02	-0.06	0.03
	其他话题	0.01	-0.03	0.16*	0.10
沟通目的	工具性	0.07	0.00	0.13	0.05
	表达性	-0.03	-0.02	-0.08	0.07
沟通交互同步	有交互	-0.07	-0.08	-0.01	-0.06
	无交互	-0.00	-0.02	-0.01	0.01
沟通表达	父母积极情感表达	-0.07	-0.12	0.13	0.07
	子女积极情感表达	-0.01	-0.05	0.04	0.02
	父母消极情感表达	-0.04	-0.12	0.01	-0.12
	子女消极情感表达	-0.03	-0.04	0.01	0.01

注：* $p<0.05$，** $p<0.01$，*** $p<0.001$。

二 交叉滞后分析

（一）母子关系质量与母子微信沟通编码频次的交叉滞后分析

构建母子关系质量与母子沟通编码频次（14 种）的 14 个交叉滞后模型，最终得到存在交叉影响的模型 2 个，由于该 2 个模型均为饱和模型，因此仅关注其路径系数（张莉等，2019；Steeger and Gondoli，2013）。

母子关系质量与母子"沟通内容：学习"的交叉滞后分析结果如图 7-1 所示。母子关系（$\beta=0.66$，$p<0.01$）和"沟通内容：学习"

($\beta = 0.43$,$p < 0.01$) 从 T1 至 T2 的自回归路径系数均显著,表明其在两次测量间的稳定性。在交叉路径中,T1 母子关系显著正向预测 T2 母子"沟通内容:学习"的编码频率($\beta = 0.03$,$p < 0.05$),而 T1 母子"沟通内容:学习"对 T2 母子关系($\beta = -0.13$,$p > 0.05$)的影响路径不显著。

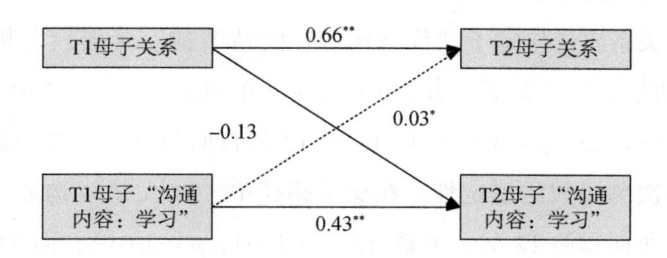

图 7-1 母子关系质量与母子"沟通内容:学习"的交叉滞后分析结果

注:$^{*} p < 0.05$,$^{**} p < 0.01$。

母子关系质量与母子"沟通交互同步:有交互"的交叉滞后分析结果如图 7-2 所示。母子关系($\beta = 0.67$,$p < 0.01$)和母子"沟通交互同步:有交互"($\beta = 0.29$,$p < 0.01$)从 T1 至 T2 的自回归路径系数均显著,表明其在两次测量间的稳定性。在交叉路径中,T1 母子关系显著正向预测 T2 母子"沟通交互同步:有交互"($\beta = 0.01$,$p < 0.05$),而 T1 母子"沟通交互同步:有交互"对 T2 母子关系($\beta = -0.09$,$p > 0.05$)的影响路径不显著。

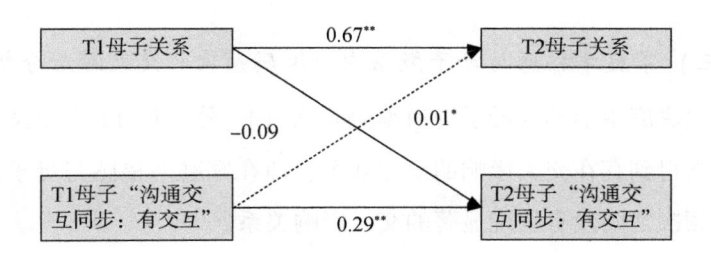

图 7-2 母子关系质量与母子"沟通交互同步:有交互"的交叉滞后分析结果

注:$^{*} p < 0.05$,$^{**} p < 0.01$。

(二) 父子关系与父子微信沟通编码频次的交叉滞后分析

构建父子关系质量与父子沟通编码频次（14 种）的 14 个交叉滞后模型，最终得到存在交叉影响的模型 1 个，由于该模型为饱合模型，仅关注其路径系数。

父子关系质量与父子"沟通内容：疫情"的交叉滞后分析结果如图 7-3 所示。父子关系（$\beta = 0.65$，$p < 0.01$）和父子"沟通内容：疫情"（$\beta = 0.23$，$p < 0.01$）从 T1 至 T2 的自回归路径系数均显著，表明其在两次测量间的稳定性。在交叉路径中，T1 父子"沟通内容：疫情"显著负向预测 T2 父子关系（$\beta = -1.64$，$p < 0.01$），而 T1 父子关系对 T2 父子"沟通内容：疫情"（$\beta = 0.002$，$p > 0.05$）的影响路径不显著。

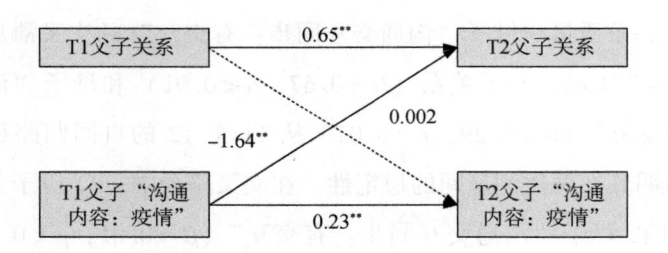

图 7-3 父子关系质量与父子"沟通内容：疫情"的交叉滞后分析结果
注：$^* p < 0.05$，$^{**} p < 0.01$。

(三) 家庭幸福感与母子微信沟通编码频次的交叉滞后分析

构建家庭幸福感与母子沟通编码频次（14 种）的 14 个交叉滞后模型，最终得到存在交叉影响的模型 0 个，即在家庭幸福感与母子微信沟通编码频次之间没有发现显著的交互影响关系。

(四) 家庭幸福感与父子微信沟通编码频次的交叉滞后分析

构建家庭幸福感与父子沟通编码频次（14 种）的 14 个交叉滞后模

型，最终得到存在交叉影响的模型 1 个，由于该模型为饱合模型，仅关注其路径系数。

家庭幸福感与父子"沟通内容：疫情"的交叉滞后分析结果如图 7-4 所示。家庭幸福感（$\beta = 0.77$，$p < 0.01$）和父子"沟通内容：疫情"（$\beta = 0.13$，$p < 0.05$）从 T1 至 T2 的自回归路径系数均显著，表明其在两次测量间的稳定性。在交叉路径中，T1 父子"沟通内容：疫情"显著负向预测 T2 家庭幸福感（$\beta = -1.62$，$p < 0.05$），而 T1 家庭幸福感对 T2 父子"沟通内容：疫情"（$\beta = 0.002$，$p > 0.05$）的影响路径不显著。

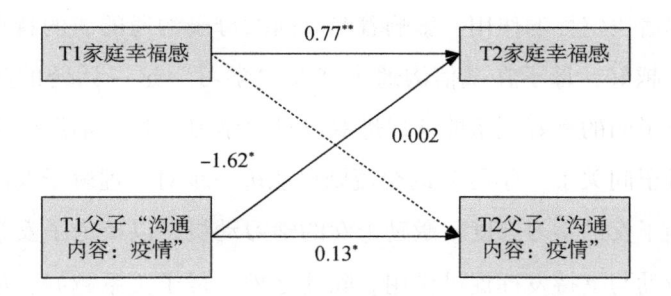

图 7-4　家庭幸福感与父子"沟通内容：疫情"的交叉滞后分析结果

注：$^* p < 0.05$，$^{**} p < 0.01$。

第三节　父母—青少年微信沟通的质与亲子关系的交叉滞后的发现与启示

本研究进一步将研究 2b 中建构出的亲子微信沟通质性编码频次加以应用，在研究 3a 对亲子微信沟通的量化指标与亲子关系进行交叉之后分析的基础上，通过交叉滞后分析考察亲子微信沟通质性编码频次与亲子关系质量的相互影响关系。

一 母子关系促进母子沟通中谈及"学习"话题和沟通交互性

本研究发现，在青少年与母亲的微信沟通中，T1 的母子关系质量能够显著正向预测 T2 的母子"沟通内容：学习"的编码频次以及 T2 的母子"有交互沟通"的编码频次；而 T1 的母子"沟通内容：学习"的编码频次或者 T1 的母子"有交互沟通"的编码频次不能显著预测 T2 的母子关系质量。

该结果表明，与研究 3a 发现的母子关系影响母子沟通行为的量相类似，在母子关系与母子沟通的质的相互影响关系中，母亲与孩子的关系质量起着决定性的作用，影响着跨时间的母子沟通的质的特点。母子关系质量越好，母子在微信沟通中涉及"学习"这一话题的频次也越高，即母子间的良好关系能够促进双方对"学习"这一话题的交流和探讨；而母子间关于"学习"的交流则可能进一步对于理解子女的学习状态，影响子女的学习态度，激励子女的学习动机，以及为子女学习提供及时的帮助与支持发挥促进作用。除此之外，母子关系越好，母子微信沟通的交互同步性也越高，即母子间的良好关系能促进双方微信沟通的有效性，让母子双方的沟通存在更多实质的相互交流和对彼此的回应，使沟通双方更"同频共振"，而不是局限于看似交流，实则自说自话的表面沟通。

同研究 3a 一样，本研究也发现母子微信沟通的质的特点与家庭幸福感不存在显著的交叉影响关系。

二 父亲的微信沟通行为促进父子关系质量

在青少年与父亲的微信沟通中，T1 父子沟通中谈及"疫情"的编码频次能显著负向预测 T2 的父子关系质量；而 T1 的父子关系质量则不能显著预测 T2 父子沟通中谈及"疫情"的编码频次。

该结果表明,与研究 3a 发现的父子沟通行为的量影响父子关系相类似,在父子关系与父子微信沟通的质的相互影响关系中,父子微信沟通的质的特点起着决定性的作用,影响着跨时间的父子关系质量:父子微信沟通中的"疫情"话题有损父子关系质量。

此外,T1 父子沟通中谈及"疫情"的编码频次还能显著负向预测 T2 的家庭幸福感,而 T1 的家庭幸福感则不能显著预测 T2 父子沟通中谈及"疫情"的编码频次。这说明在家庭幸福感与父子微信沟通的质的相互影响关系中,父子微信沟通的质的特点依然起着决定性的作用,预测了跨时间的家庭幸福感:父子微信沟通中的"疫情"话题有损家庭幸福感。

父子在微信中谈及"疫情"会损伤父子关系和家庭幸福感,这可能是因为疫情给每个家庭成员的生活、学习和工作带来的一系列猛然改变,使之已然成为大家生活中的重大压力源,并且我们对于这一压力源控制感极低,所以在本就相对缺乏基础的父子沟通中引入对疫情的讨论可能会引发压力反应,带来一系列消极情绪,从而对父子关系和家庭幸福感有所损伤。

三 母子和父子微信沟通影响结果的差异

在研究 3a 的基础上,本研究结果进一步澄清了亲子微信沟通的质的特点与亲子关系的因果关系问题,研究结果支持了母子与父子微信沟通的影响差异,为深入认识亲子线上沟通内容的影响效果提供了纵向研究证据。

本研究结果同样发现了母子和父子微信沟通在影响结果上的重要差异:母子微信沟通的质性编码受母子关系影响,但并不能促进母子关系;而父子微信沟通的质性编码不受父子关系影响,却能影响父子关系和家庭幸福感。这一发现与研究 3a 关于亲子关系与亲子微信沟通数量的交叉滞后研究中揭示的父母差异一致——在母子关系与母子微信沟通的相互影响中，母子关系起决定作用；在父子关系与父子微信沟通的相互影响中，父子微信沟通起决定作用，父子微信沟通还持续塑造着青少年与父亲的亲子关系质量。一方面，再次佐证了母子与父子的线上沟通在母子和父子的总体互动中可能扮演着不同的角色（见第六章第四节"父母—青少年微信沟通的量与亲子关系的交叉滞后的发现与启示"）；另一方面，本研究还发现了父子沟通中特定的"沟通内容：疫情"对父子关系和家庭幸福感的负面影响。

第八章 总体研究结论与理论和实践价值

第一节 研究结果总结

一 问题一：我国父母与青少年子女如何使用微信沟通

研究一发现，在微信好友状态上，75%的中学生以及99%的大学生都通过主动或被动添加的方式与父母成为微信好友，仅有0.23%的中学生以及0%的大学生拒绝与父母成为好友。在与父母成为好友后，有近九成的中学生和六成的大学生并不会对朋友圈内容做特别的设置或改动，九成的中学生和大学生也不会改变发朋友圈的数量；但即便如此，仍有半数的中学生和七成以上的大学生会或多或少地对父母隐藏自己的朋友圈内容。在微信沟通特征上，中学生和大学生与父母的微信沟通特征十分一致，其和父母在发起微信沟通的主动性程度上均相当，亲子微信沟通中发生争吵、误解、冷战和敷衍的频率均较低；在信息载体上，亲子双方使用最多的载体都是文字。在微信沟通态度和体验方面，中学生和大学生在微信亲子沟通中的体验到关心、高兴等积极情绪的频率均较高，体验到焦虑、寂寞等消极情绪的频率均较低；大学生对亲子微信沟通持较为中性的态度，中学生对亲子微信沟通的态度偏积极。此外，大学生和中学生均推测父母看自己朋友圈之后的反应会以积极情绪为主。在亲子微信沟通与 FtF 沟通的关系上，无论是大学生群体还是在中学生群体中，FtF 沟通质量高的亲子在微信上的沟通情况总是优于 FtF 沟通质量低的亲子，从而支持了"富者更富"假设。

研究 2a 的量化分析发现，由于中学生在校学习期间通常会被学校禁止使用手机，因此其与父母一周内的微信沟通次数较少。在各种载体中，父亲、母亲和子女使用最多的载体均为文字和语音信息，但除此之外，父母还表现出对通话（语音和视频通话）的偏好，子女还表现出对表情符号的偏好。亲子双方在微信沟通中的主动性情况——主动向对方发起当日的第一个对话的程度——是一个重要的量化指标，其与沟通者自身发送各种载体的频次、沟通对象的主动性，以及沟通对象发送各种载体的频次均存在普遍的正向关联。

研究 2b 的质性分析发现，在沟通内容上，亲子微信沟通话题以日常生活和学习为主。在沟通目的上，亲子微信沟通呈现出高工具性和低表达性的特点。在沟通氛围上，亲子微信沟通呈现出权威性与平等性并存的特点。在沟通同步性上，亲子微信沟通以有交互同步的沟通为主，无交互同步的沟通较少。在沟通的情绪情感表达上，亲子微信沟通中的积极表达多于消极表达。

二 问题二：哪些因素影响着父母与青少年子女的微信沟通

（一）子女年龄

研究一对初中生和高中生的对比发现，在微信好友状态方面，高中生在添加父母微信好友上比初中生更积极，但也更倾向于对父母隐藏朋友圈内容。在亲子微信沟通特征方面，高中生比初中生与父母在微信沟通时发生更多冷战，向父母发送更少的文字信息和更多的视频信息。在微信沟通态度和体验上，初中生体验到高兴、满足、快乐、放松、关心等积极情绪的频率高于高中生、对亲子微信沟通持有的态度也更积极。

对大学生和中学生的对比发现,大学生与父母成为微信好友的比例更高,同时也更倾向于对父母隐藏朋友圈内容。中学生在亲子微信沟通中使用文字以外的多媒体载体比大学生更多,对亲子微信沟通的态度和情绪体验也比大学生更为积极。

因此,总体而言,随着年龄的增长,青少年与父母成为微信好友的比例在增加。与此同时,青少年对父母隐藏朋友圈内容的比例也在增加。此外,青少年年龄越小,其对亲子微信的沟通态度和情绪体验也越积极。

(二)子女性别

研究一发现,无论是在中学生群体还是在大学生群体中,女孩和父母成为微信好友的比例均高于男孩。研究2a发现,女孩向父母发送的信息总量比男孩更多,女孩也比男孩更会主动地向父母发起对话。研究2b发现,女孩在与父母微信沟通中的积极、消极情绪情感表达均多于男孩。因此,总体而言,女孩与父母的微信沟通情况要优于男孩。

(三)家长性别

研究一发现,母亲能看到中学生八成以上朋友圈内容的比例高于父亲,中学生与母亲微信沟通时的情绪体验比与父亲微信沟通时更强烈,中学生对与母亲微信沟通的态度比对与父亲微信沟通的态度更积极;大学生与母亲微信沟通时发生冷战的频率比与父亲微信沟通时更低,大学生与母亲微信沟通时体验到关心的程度比与父亲微信沟通时更多,大学生对与母亲微信沟通的态度也比对与父亲微信沟通的态度更积极。

研究2a发现,母亲向子女发送的各类信息均比父亲向子女发送的更多,母亲在和子女沟通时也比父亲更主动。子女向母亲发送的各类信息也比向父亲发送的更多,子女和母亲沟通时也比和父亲沟通时更主动。研究2b发现，母亲在与子女微信沟通中的积极、消极情绪情感表达均多于父亲。

因此，总体而言，母亲与青少年的微信沟通情况要优于父亲与青少年的微信沟通情况。

三 问题三：父母与青少年子女的微信沟通会带来什么结果

研究三通过对父母—青少年微信沟通行为中提取的量化指标（研究3a）和质性编码频次（研究3b）与亲子关系质量和家庭幸福感的交叉滞后分析发现，在母子关系质量与母子微信沟通的相互影响关系中，母子关系质量起着决定性的作用：高质量的母子关系会导致更频繁的母亲和子女的微信沟通行为，促进母子沟通中对"学习"话题的探讨，并提升母子沟通的交互同步性；而母子微信沟通的量化和质性指标则不影响母子关系质量。在父子关系质量与父子微信沟通的相互影响关系中，父子微信沟通行为起着决定性的作用：一方面，父亲（而非子女）在微信上与孩子频繁、主动的沟通会导致父子关系质量和家庭幸福感的提升；另一方面，父子沟通中的对"疫情"这一话题的频繁讨论会有损父子关系质量和家庭幸福感，而父子关系质量和家庭幸福感则不影响父子微信沟通行为的质和量。

上述结果表明了父亲和母亲与青少年子女的微信沟通在亲子关系和家庭幸福感的促进中起到的截然不同的作用：母子微信沟通行为受母子关系影响，但并不能反过来促进母子关系；而父子微信沟通行为不受父子关系影响，却能促进父子关系和家庭幸福感。这可能是因为母子在线下FtF的情境下具有良好、频繁的沟通基础，从而造就了稳定的母子关系（Coyne, et al., 2014；Smetana, et al., 2006），在这种情况下，母子微信沟通在整个母子沟通中的占比较小，并不足以影响母子关系质量，而只能作为母子关系质量的影响结果。而由于父亲在养育上的参与度远远少于母亲（Barrera and Garrison-Jones，1992；Forehand and Nousiainen，1993；Jacob and Johnson，1997），父子间线下面对面的沟通也较为贫乏（Coyne，et al.，2014），父子微信沟通的出现弥补了父子沟通的不足，从而发挥出改善父子关系，提升家庭幸福感的作用。不仅如此，在父子微信沟通行为中，有且仅有父亲的沟通行为会起到促进父子关系和家庭幸福感的作用。因此，对于平时在面对面情境下缺乏沟通的父子而言，父亲通过微信平台与子女积极主动的沟通会让孩子感知到来自父亲的关心和爱护，显著提升孩子对于父子关系和家庭幸福感的感知，是弥补父子沟通不足的良好渠道。

第二节 研究的理论和实践价值

为了更好地理解新媒体时代背景下我国青少年与其父母之间的亲子微信沟通行为及其影响，本书中的系列研究采用问卷调查与实际行为数据并用，质性与量化分析互补，横断研究与纵向追踪相结合的方式，开展了三大研究，六项子研究，以求系统地对"我国父母与青少年子女在如何使用微信沟通""哪些因素影响着父母—青少年的亲子微信沟通""父母—青少年的亲子微信沟通会带来什么结果"三大关键问题加以回答，并最终为我国青少年与父母的亲子微信沟通实践提供切实的科学参考依据。

从研究方法上，首先，本书的系列研究方法多样互补，尤其在对亲子实际沟通数据的获取上具有首创性，这在很大程度上保障了研究的外部效度。本书中的系列研究突破了无论在传统FtF亲子沟通还是线上亲子沟通研究中都占据绝对主导地位的自我报告的研究方法，创造性地通过收集一手的行为数据——亲子微信沟通的实际聊天记录——来考察真实的、具体的、全面的亲子微信沟通过程，在很大程度上克服了自我报告法带来的一系列偏差，是对过往亲子沟通研究的重要补充。

其次，本书对实际沟通数据的分析采用了质性和量化相结合的方法。质性研究能在微观层面上对心理现象进行较细微的描述和分析，能在自然情境下研究生活事件，从当事人的角度了解其看问题的方式和观点，了解事件发展的动态过程并建立理论（杨智辉，2011）。而过往关于亲子沟通的研究也很少同时从量化和质性的角度，考察亲子沟通的现状。因此，基于以上原因，研究2a和研究2b分别采用量化和质性的分析方法，旨在为充分了解亲子线上沟通的全貌提供更完整的视角。

最后，本书还在横断设计的基础上，增加了纵向追踪研究设计。以往研究揭示了线上亲子沟通与亲子关系和家庭关系均存在一定的正向关联。然而，目前还没有研究着眼于澄清线上亲子沟通与亲子关系之间的因果关系问题：到底是频繁的线上亲子沟通导致了好的亲子关系，还是好的亲子关系使得线上亲子沟通更频繁？又或者是二者处于交互影响关系？受制于横断研究设计的局限性，现有研究无法对这一重要问题进行回答。在这样的背景下，研究三将采用纵向追踪研究设计，并通过交叉滞后分析考察亲子微信沟通与亲子关系、家庭关系间的准因果关联。

从理论价值上，首先，本书对父母—青少年微信沟通行为的考察是了解当前父母—青少年沟通的重要方面，是对传统FtF亲子沟通研究的重要补充。社交媒体时代，以微信为代表的线上沟通平台为亲子互动提供了FtF之外的另一大阵地，而相比于FtF亲子沟通得到的大量研究关注，对线上亲子沟通的研究则还处于起步阶段，需要大量的实证研究证据从不同的角度加以考察。不仅如此，目前对于线上亲子沟通的研究普遍聚焦于大学生群体，对于中学生这一处于青少年早中期的群体的关注较少，无法全面了解整个青少年群体的线上亲子沟通情况，也难以对处于不同阶段的青少年的线上亲子沟通行为加以比较。

其次，现有的关于线上亲子沟通的研究多沿用传统FtF亲子沟通的研究框架和思路，缺乏专门的针对青少年与其父母间的线上亲子沟通的系统研究。在这样的背景下，本书在考察我国青少年与其父母的微信好友状态，微信沟通的内容、频率、主动性、沟通问题、信息载体、与FtF沟通的关系等各方面特征的基础上，专门收集了青少年与其父母间的实际微信沟通数据，并最终构建了父母—青少年微信沟通行为、影响因素和后果的作用机制模型。本书是国内首个同时考察"我国父母与青少年子女在如何使用微信沟通""哪些因素影响着父母—青少年的微信沟通"，以及"父母—青少年微信沟通会带来什么结果"三大关键问题的系统研究，有助于全面、系统地认识 ICT 中介下我国青少年与父母的亲子沟通及其前因、后果，能够为澄清以往研究在一些关键认识上的不一致结论——比如，高质量的线上沟通是高质量的线下沟通的自然延续（"富者更富"），还是对低质量的线下沟通的有效补偿（"穷者更富"），线上亲子沟通与亲子关系之间孰因孰果等——提供重要的实证研究证据。

从实践价值上，首先，本书考察了我国青少年与其父母在微信这一国内使用率最高的通信社交应用上的沟通现状、影响结果和前因，对上述内容的考察能够为教育部门、家长和青少年学生提供关于如何促进亲子间良好沟通的建议和决策依据，提升亲子关系，促进青少年健康发展。在亲子微信沟通上，本研究发现，青少年与父母在微信上的沟通虽然频次不高，却十分普遍。青少年与其父母的沟通话题以日常生活和学习为主，亲子沟通氛围、沟通同步性和情绪情感表达状况良好。因此，总体而言，青少年与其父母间的微信沟通是适度的、健康的。

其次，在青少年与父母微信沟通的影响结果上，本书发现，母子微信沟通行为的质和量受母子关系影响，但并不能反过来促进母子关系；而父亲的微信沟通行为的质和量不受父子关系影响，却能影响父子关系和家庭幸福感。这一研究结果启示我们，微信作为一个极其便利、涵盖多种表达方式、沟通氛围较为平等轻松的平台，为亲子沟通提供了很好的增强亲子联结，促进亲子关系的机会。尤其对于平日面对面沟通较为贫乏的父子关系而言，父亲在微信与孩子积极主动地沟通会让孩子感知来自父亲的关心和爱护，显著提升孩子对于父子关系和家庭幸福感的感知，是弥补父子沟通不足的良好渠道。

最后，在青少年与父母微信沟通的影响因素上，本书重点揭示了子女性别、父母性别以及线下沟通质量对亲子微信沟通的影响。发现女孩比男孩与父母的微信沟通状况更优；母亲比父亲与青少年子女的微信沟通状况更优；平时线下沟通质量高的亲子在微信上的沟通状况也更优。上述结果启示我们，一方面，微信亲子沟通状况可以作为评估一般亲子沟通状况的重要资料来源，在知情同意的前提下对亲子微信沟通数据的获取可以作为传统的问卷法、观察法、访谈法之外的另一种考察亲子沟通情况的重要研究方法。另一方面，无论线上还是线下的亲子沟通都揭示了一样的女性优于男性的性别差异，这提示我们应该重点加强对男性青少年和男性家长的亲子沟通状况的关注，积极开展针对这些群体的亲子沟通重要性宣传与亲子沟通技巧培训等工作。

附　录

青少年手机使用及亲子沟通情况问卷

1. 你是否拥有智能手机（可以上网的手机）：

   □ a. 有　　　　　　　　□ b. 没有

   （注：如果本题选择 b，则跳过之后的题目，直接提交。）

2. 你平均每天花在手机上的时间约为_____小时。

3. 你是否使用微信：

   □ a. 是　　　　　　　　□ b. 否

   （注：如果本题选择 b，则跳过之后的题目，直接提交。）

4. 你平均每天花在使用微信上的总时间（包括接发消息，发布、浏览朋友圈，查阅公众号等所有活动）约为_____小时。

5A. 你的母亲是否使用微信：

   □ a. 是　　　　　　　　□ b. 否

   （注：如果本题选择 b，请直接从第 10A 题开始填答。）

6A. 你与你的母亲加微信好友的情况属于以下哪种类型：

   □ a. 母亲加我好友，我接受了。

   □ b. 我加母亲好友，她接受了。

   □ c. 母亲加我好友，我没有接受。

   □ d. 我加母亲好友，她没有接受。

□ e. 我和母亲都没有加过对方好友。

（注：如果本题选择 c，d，e 其中之一，请直接从第 10A 题开始填答。）

7A. 和母亲成为微信好友之后，你发朋友圈的数量：

□ a. 减少了　　□ b. 增多了　　□ c. 没有变化

8A. 和母亲成为微信好友之后，你对你的微信做过以下哪些设置或调整（可以多选）：

□ a. 对母亲设置"不让她看我的朋友圈"。

□ b. 对母亲设置"不看她的朋友圈"。

□ c. 对以前发过的朋友圈状态进行删改。

□ d. 发新的朋友圈时设置为母亲不可见。

□ e. 没有做过以上设置或调整。

9A. 总的来说，你母亲在你的朋友圈能够看到的状态在你所有朋友圈状态中占的比例：

□ a. 0%　　　　□ b. 不到 20%　　□ c. 20%—40%

□ d. 40%—60%　□ e. 60%—80%　　□ f. 80%—100%

□ g. 100%

10A. 你与母亲通过微信聊天时，通常由谁发起对话：

□ a. 你　　　　□ b. 母亲　　　　□ c. 频率相近

11A. 请评价你与母亲通过微信聊天时，发生以下情况的频率：

聊天情况	从不	很少	有时	经常
a. 争吵	1	2	3	4
b. 误解	1	2	3	4
c. 冷战	1	2	3	4
d. 敷衍	1	2	3	4

12A. 请评价你与母亲通过微信聊天时，你发送以下内容的频率：

聊天内容	很少	较少	一般	较多	很多
a. 文字	1	2	3	4	5
b. 语音	1	2	3	4	5
c. 表情	1	2	3	4	5
d. 图片	1	2	3	4	5
e. 视频	1	2	3	4	5

13A. 请评价你与母亲通过微信聊天时，母亲发送以下内容的频率：

聊天内容	很少	较少	一般	较多	很多
a. 文字	1	2	3	4	5
b. 语音	1	2	3	4	5
c. 表情	1	2	3	4	5
d. 图片	1	2	3	4	5
e. 视频	1	2	3	4	5

14A. 请评价你与母亲通过微信聊天时，你对聊天过程的情绪体验：

情绪	没有	很少	有时	经常
a. 高兴	1	2	3	4
b. 满足	1	2	3	4
c. 快乐	1	2	3	4
d. 放松	1	2	3	4
e. 关心	1	2	3	4
f. 平静	1	2	3	4

续表

情绪	没有	很少	有时	经常
g. 悲伤	1	2	3	4
h. 失望	1	2	3	4
i. 不快乐	1	2	3	4
j. 紧张	1	2	3	4
k. 寂寞	1	2	3	4
l. 焦虑	1	2	3	4

15A. 请根据你与母亲通过微信聊天的情况，判断以下描述相符的情况：

聊天情况	完全不符合	比较不符合	比较符合	完全符合
a. 我享受与母亲进行微信聊天	1	2	3	4
b. 微信为我和母亲之间的沟通带来了便利	1	2	3	4
c. 我不喜欢通过微信和母亲沟通	1	2	3	4
d. 微信拉近了我和母亲之间的距离	1	2	3	4
e. 我可以更多地表达内心感受	1	2	3	4
f. 我无法得到更多的关爱	1	2	3	4
g. 我可以更简单地表达忧虑	1	2	3	4
h. 我可以更多地谈到自己的秘密	1	2	3	4

16A. 如果你的母亲能够看到你所有的朋友圈状态，她看完之后会感到（可以多选）：

☐ a. 高兴　　☐ b. 自豪　　☐ c. 惊讶　　☐ d. 担心

☐ e. 失望　　☐ f. 生气

17A. 你平时与母亲当面聊天的频率：

☐ a. 从不　　☐ b. 很少　　☐ c. 有时　　☐ d. 经常

18A. 请评价你与母亲当面聊天时，涉及以下话题的频率：

聊天话题	从不	很少	有时	经常
a. 当天的经历	1	2	3	4
b. 学习情况	1	2	3	4
c. 未来规划	1	2	3	4
d. 兴趣爱好	1	2	3	4
e. 与他人(朋友、老师、同学等)的关系	1	2	3	4
f. 异性交往、恋爱	1	2	3	4
g. 对新闻事件的看法	1	2	3	4
h. 吸烟、饮酒、打架、上网等问题	1	2	3	4
i. 钱	1	2	3	4
j. 表达关心、感谢、祝福等积极情感	1	2	3	4
k. 表达不满、抱怨、失望等消极情感	1	2	3	4

5B. 你的父亲是否使用微信：

☐ a. 是　　　☐ b. 否

（注：如果本题选择 b，请直接从第 10B 题开始填答。）

6B. 你与你的父亲加微信好友的情况属于以下哪种类型：

☐ a. 父亲加我好友，我接受了。

☐ b. 我加父亲好友，他接受了。

☐ c. 父亲加我好友，我没有接受。

☐ d. 我加父亲好友，他没有接受。

☐ e. 我和父亲都没有加过对方好友。

（注：如果本题选择 c、d、e 其中之一，请直接从第 10B 题开始填答。）

7B. 和父亲成为微信好友之后，你发朋友圈的数量：

☐ a. 减少了　　☐ b. 增多了　　☐ c. 没有变化

8B. 和父亲成为微信好友之后,你对你的微信做过以下哪些设置或调整(可以多选):

☐ a. 对父亲设置"不让他看我的朋友圈"。

☐ b. 对父亲设置"不看他的朋友圈"。

☐ c. 对以前发过的朋友圈状态进行删改。

☐ d. 发新的朋友圈时设置为父亲不可见。

☐ e. 没有做过以上设置或调整。

9B. 总的来说,你父亲在你的朋友圈能够看到的状态在你所有朋友圈状态中占的比例:

☐ a. 0%   ☐ b. 不到20%   ☐ c. 20%—40%

☐ d. 40%—60%   ☐ e. 60%—80%

☐ f. 80%—100%   ☐ g. 100%

10B. 你与父亲通过微信聊天时,通常由谁发起对话?

☐ a. 你   ☐ b. 父亲   ☐ c. 频率相近

11B. 请评价你与父亲通过微信聊天时,发生以下情况的频率:

聊天情况	从不	很少	有时	经常
a. 争吵	1	2	3	4
b. 误解	1	2	3	4
c. 冷战	1	2	3	4
d. 敷衍	1	2	3	4

12B. 请评价你与父亲通过微信聊天时,你发送以下内容的频率:

聊天内容	很少	较少	一般	较多	很多
a. 文字	1	2	3	4	5
b. 语音	1	2	3	4	5

续表

聊天内容	很少	较少	一般	较多	很多
c. 表情	1	2	3	4	5
d. 图片	1	2	3	4	5
e. 视频	1	2	3	4	5

13B. 请评价你与父亲通过微信聊天时，父亲发送以下内容的频率：

聊天内容	很少	较少	一般	较多	很多
a. 文字	1	2	3	4	5
b. 语音	1	2	3	4	5
c. 表情	1	2	3	4	5
d. 图片	1	2	3	4	5
e. 视频	1	2	3	4	5

14B. 请评价你与父亲通过微信聊天时，你对聊天过程的情绪体验：

情绪	没有	很少	有时	经常
a. 高兴	1	2	3	4
b. 满足	1	2	3	4
c. 快乐	1	2	3	4
d. 放松	1	2	3	4
e. 关心	1	2	3	4
f. 平静	1	2	3	4
g. 悲伤	1	2	3	4
h. 失望	1	2	3	4
i. 不快乐	1	2	3	4

续表

情绪	没有	很少	有时	经常
j. 紧张	1	2	3	4
k. 寂寞	1	2	3	4
l. 焦虑	1	2	3	4

15B. 请根据你与父亲通过微信聊天的情况，判断以下描述相符的情况：

聊天情况	完全不符合	比较不符合	比较符合	完全符合
a. 我享受与父亲进行微信聊天	1	2	3	4
b. 微信为我和父亲之间的沟通带来了便利	1	2	3	4
c. 我不喜欢通过微信和父亲沟通	1	2	3	4
d. 微信拉近了我和父亲之间的距离	1	2	3	4
e. 我可以更多地表达内心感受	1	2	3	4
f. 我无法得到更多的关爱	1	2	3	4
g. 我可以更简单地表达忧虑	1	2	3	4
h. 我可以更多地谈到自己的秘密	1	2	3	4

16B. 如果你的父亲能够看到你所有的朋友圈状态，他看完之后会感到（可以多选）：

　　□ a. 高兴　　　□ b. 自豪　　　□ c. 惊讶
　　□ d. 担心　　　□ e. 失望　　　□ f. 生气

17B. 你平时与父亲当面聊天的频率：

　　□ a. 从不　　　□ b. 很少　　　□ c. 有时　　　□ d. 经常

18B. 请评价你与父亲当面聊天时，涉及以下话题的频率：

聊天话题	从不	很少	有时	经常
a. 当天的经历	1	2	3	4
b. 学习情况	1	2	3	4
c. 未来规划	1	2	3	4
d. 兴趣爱好	1	2	3	4
e. 与他人（朋友、老师、同学等）的关系	1	2	3	4
f. 异性交往、恋爱	1	2	3	4
g. 对新闻事件的看法	1	2	3	4
h. 吸烟、饮酒、打架、上网等问题	1	2	3	4
i. 钱	1	2	3	4
j. 表达关心、感谢、祝福等积极情感	1	2	3	4
k. 表达不满、抱怨、失望等消极情感	1	2	3	4

亲子关系质量量表

以下将分别询问最近一段时间你和父亲、你和母亲的关系，请按照描述与实际情况的符合程度选择对应的数字。

1. 我与他/她在遇到困难时互相扶持。

2. 我与他/她彼此感觉非常亲近。

3. 与其他人讨论问题总要比与他/她讨论问题容易些。

4. 我感到与其他人比与他/她更亲近。

5. 我跟他/她一起做事情。

6. 我喜欢跟他/她一起度过空闲时光。

7. 我与他/她花一些时间聊天。

8. 我与他/她在家里相互躲避。

9. 我与他/她很难找到有什么事情能一起做。

10. 我与他/她有着共同的兴趣和爱好。

家庭幸福感量表

以下将询问最近一段时间你的家庭关系，请按照描述与实际情况的符合程度选择对应的数字。

1. 你认为你的家庭健康吗？

2. 你认为你的家庭和谐吗？

3. 你认为你的家庭快乐吗？

参考文献

中文著作

陈向明：《质的研究方法与社会科学研究》，教育科学出版社 2000 年版。

中文译著

［英］凯西·卡麦兹：《建构扎根理论：质性研究实践指南》，边国英译，重庆大学出版社 2009 年版。

中文期刊

安利利、王兆鑫：《孝道与平权：数字鸿沟中的文化反哺与再哺育——大学生与父母在微信平台上的亲子关系研究》，《中国青年社会科学》2020 年第 4 期。

柴唤友等：《网络亲子沟通与青少年抑郁的关系：线上社会资本的中介作用及其年龄差异》，《心理发展与教育》2019 年第 1 期。

陈晶：《现代心理学研究方法整合之路——质性与量化之整合》，《科技资讯》2007 年第 17 期。

陈雨婷等：《社会语言学视域下网络流行语言的功能及调查报告》，《产业与科技论坛》2020 年第 9 期。

池丽萍、俞国良：《测量和观察法在亲子沟通研究中的应用》，《心理科学进展》2010 年第 6 期。

池丽萍：《亲子沟通的三层次模型：理论、工具及在小学生中的应用》，《心理发展与教育》2011 年第 2 期。

单蓉：《探析亲子沟通的影响因素——父母》，《硅谷》2009 年第 2 期。

樊佩佳：《00 后大学生亲子沟通现状成因分析与对策》，《科学咨询》2021 年第 10 期。

方楠：《从"数字代沟之困"到"数字天伦之乐"：大学生家庭代际微信使用中的数字反哺现象研究》，《南京理工大学学报》（社会科学版）2022 年第 6 期。

方晓义等：《亲子沟通问题与青少年社会适应的关系》，《心理发展与教育》2006 年第 3 期。

房超、方晓义：《父母—青少年亲子沟通的研究》，《心理科学进展》2003 年第 1 期。

风笑天：《定性研究与定量研究的差别及其结合》，《江苏行政学院学报》2017 年第 2 期。

高宇亮：《心理学中质性研究与量化研究的新趋向》，《成都师范学院学报》2013 年第 3 期。

郭晓：《技术焦虑与信息迷失——现代通讯技术对亲子关系的负面影响探讨》，《传承》2010 年第 36 期。

何琳玲：《"微信红包"的文化娱乐形式与商业运营模式管探》，《传媒》2016 年第 11 期。

何吴明、郑剑虹：《心理学质性研究：历史、现状和展望》，《心理科学》2019 年第 4 期。

胡春阳、周劲：《经由微信的人际传播研究》，《新闻大学》2015 年第 6 期。

黄敏儿、郭德俊：《情绪调节方式及其发展趋势》，《应用心理学》2001年第2期。

黄琼：《新高考背景下高中生家庭教育问题研究》，《家长》2021年第9期。

季燕、张伊然：《学前流动儿童家庭亲子沟通特点及影响因素》，《早期教育》2021年第6期。

雷雳等：《初中生的亲子沟通及其与家庭环境系统和社会适应关系的研究》，《应用心理学》2002年第1期。

雷雳等：《亲子关系与亲子沟通》，《教育研究》2001年第6期。

李昊等：《中小学生亲子沟通的现状、问题及对策——基于4528名中小学生亲子沟通现状的实证研究》，《中小学德育》2022年第7期。

李瑾、徐燕：《上海市某区初中生亲子沟通状况分析》，《中国健康教育》2016年第5期。

李闻、冯锐：《微信朋友圈中大学生屏蔽父母现象探析》，《今传媒》2016年第11期。

梁宗保等：《父母元情绪理念、情绪表达与儿童社会能力的关系》，《心理学报》2012年第2期。

林丽花、邓惠明：《家庭亲子伪情感沟通现象及矫正策略分析》，《攀枝花学院学报》2016年第6期。

刘宁等：《上海核心家庭亲子沟通状况及其影响因素分析》，《中国公共卫生》2005年第2期。

吕军等：《亲子关系问题的感知差异：基于10673对亲子成对数据的潜在剖面分析》，《中国健康心理学杂志》2022年第12期。

牛更枫等：《网络亲子沟通对留守初中生社会适应的影响：一个有调节的中介模型》，《心理发展与教育》2019年第6期。

沈赟：《父母的媒介互动行为与亲子沟通研究》，《科技传播》2014年第

19 期。

石鑫缘等:《网络媒介使用与亲子隐性疏离——基于 H 省青少年及家长的调查研究》,《学理论》2020 年第 7 期。

唐涌:《混合方法研究——美国教育研究方法论的新取向》,《外国教育研究》2015 年第 2 期。

王佳宁等:《初中生亲子、同伴、师生关系对学业的影响》,《心理科学》2009 年第 6 期。

王丽娟等:《国外青少年亲子沟通研究述评》,《外国中小学教育》2009 年第 7 期。

王美萍、张文新:《青少年期亲子冲突与亲子亲合的发展特征研究》,《心理科学》2007 年第 5 期。

王箬茗等:《新媒体对大学生与父母关系亲密度的影响研究》,《法制与社会》2018 年第 5 期。

王树青等:《中学生自我同一性的发展与父母教养方式、亲子沟通的关系》,《心理与行为研究》2006 年第 2 期。

王争艳等:《家庭亲子沟通与儿童发展关系》,《心理科学进展》2002 年第 2 期。

吴炜华、龙慧蕊:《传播情境的重构与技术赋权——远距家庭微信的使用与信息互动》,《当代传播》2016 年第 5 期。

向永心、姜文洁:《"使用与满足"理论视角下微信表情包的应用研究》,《声屏世界》2020 年第 22 期。

谢琴红等:《黔北地区留守初中生亲子沟通及其与性心理健康的关系》,《中国学校卫生》2014 年第 6 期。

辛自强等:《小学学习不良儿童家庭功能研究》,《心理发展与教育》1999 年第 1 期。

徐建平等:《量化和质性研究的超越:混合方法研究类型及应用》,《苏州大学学报》（教育科学版）2019年第1期。

徐杰等：《亲子沟通对青少年社会适应的影响：社会支持的中介作用》，《中国健康心理学杂志》2016年第1期。

杨晓莉、邹泓：《青少年亲子沟通的特点研究》，《心理发展与教育》2008年第1期。

杨智辉：《心理学研究方法中定量研究和质性研究的发展与整合》，《中国健康心理学杂志》2011年第12期。

叶青青等：《父母教育心理控制源在亲子沟通与子女社会适应关系中的调节作用》，《郑州大学学报》（医学版）2014年第6期。

张放：《微信春节红包在中国人家庭关系中的运作模式研究——基于媒介人类学的分析视角》，《南京社会科学》2016年第11期。

张莉等：《歧视知觉、抑郁和农村留守儿童的学业成绩：纵向中介模型》，《心理科学》2019年第3期。

张玲玲、张文新：《中晚期青少年的个人规划及其与亲子、朋友沟通的关系》，《心理学报》2008年第5期。

张秀敏、杨莉萍：《基督徒祷告过程中人神依恋关系的质性探索》，《心理学报》2018年第1期。

周文洁：《高中生情绪表达性的个体差异研究》，《中国民康医学》2013年第19期。

中文会议论文

陈文凤：《五种亲子沟通话题与青少年社会适应的关系》，中国心理学会第十一届全国心理学学术会议论文摘要集，开封，2007年。

中文学位论文

安伯欣：《父母教养方式、亲子沟通与青少年社会适应的关系研究》，硕士学位论文，陕西师范大学，2004年。

白永贤：《农村单亲家庭亲子关系沟通改善的社会工作实务研究——以S省L村M家庭为例》，硕士学位论文，黑龙江大学，2022年。

陈宏：《论现代心理学研究方法》，博士学位论文，吉林大学，2006年。

陈琪：《上海市中学生体质健康与心理亚健康的关系研究》，硕士学位论文，华东师范大学，2022年。

陈依波：《成年子女对父母的自我披露——关系结果、心理健康结果及其机制研究》，硕士学位论文，武汉大学，2020年。

杜欣：《表情符号在代际传播中的效用研究——以微信表情为例》，硕士学位论文，南昌大学，2017年。

范艳：《"父母—青少年"亲子沟通现状研究》，硕士学位论文，郑州大学，2006年。

胡悦：《亲子沟通与青少年健康成长》，硕士学位论文，哈尔滨工程大学，2007年。

侯耀婕：《数字反哺能弥合数字鸿沟吗——数字鸿沟、数字反哺与亲子沟通的相关性分析》，硕士学位论文，山东大学，2021年。

黄森：《个案工作介入西南地区农村留守儿童亲子沟通能力提升的研究——以M市G村为例》，硕士学位论文，西南大学，2022年。

金子莘：《微信使用与大学生家庭亲子亲密度的关系研究》，硕士学位论文，西南大学，2018年。

蓝青：《企业环境绩效审计方法比较及应用研究》，硕士学位论文，中国海洋大学，2011年。

李维双：《亲子沟通对高中生心理健康的影响：情绪表达的中介作用》，硕士学位论文，天津师范大学，2021年。

李月儿：《图像符号的作用对亲子关系的影响研究——以大学生与家长的微信对话为例》，硕士学位论文，暨南大学，2017年。

林贞：《大学生学习责任心话题亲子沟通的质性研究》，硕士学位论文，山西师范大学，2013 年。

刘婧娴：《基于亲子沟通的心理健康活动课对促进初中生亲子关系的作用研究》，硕士学位论文，华中师范大学，2022 年。

刘登攀：《大学生亲子关系及其人格特征的研究》，硕士学位论文，陕西师范大学，2006 年。

刘雅馨：《父母元情绪理念、情绪表达与小学生情绪调节策略的关系研究》，硕士学位论文，河北大学，2021 年。

鲁晨叶：《流动儿童亲子沟通能力提升的小组工作实务研究》，硕士学位论文，井冈山大学，2021 年。

罗珍珍：《微信使用对大学生家庭亲子关系的影响研究》，硕士学位论文，河南大学，2019 年。

吕淑芳：《农村留守青少年家庭亲子沟通障碍存在与应对》，硕士学位论文，厦门大学，2019 年。

彭金慧：《心理健康活动课教学对初中生亲子沟通成效的干预研究》，硕士学位论文，赣南师范大学，2019 年。

宋仕炜：《个案工作介入离异家庭亲子沟通问题研究——以 C 市 X 社区 L 个案为例》，硕士学位论文，中共吉林省委党校（吉林省行政学院），2023 年。

苏悦：《数字反哺、情境重塑与关系弥合——以 95 后大学生家庭的微信反哺为例》，硕士学位论文，暨南大学，2020 年。

汤雯：《微信对亲子关系影响的实证研究——基于 493 名大学生的微信使用行为》，硕士学位论文，安徽大学，2019 年。

王嘉晰：《家庭沟通中新媒介技术的应用对亲子关系的影响研究——以大陆在台学生为例》，硕士学位论文，北京理工大学，2015 年。

王敏：《农村留守儿童亲子沟通能力提升的个案工作介入研究——以甘

肃省 X 学校 A 生为例》，硕士学位论文，西北师范大学，2021 年。

王月：《远距家庭沟通中微信使用对亲子关系的影响研究》，硕士学位论文，西北大学，2020 年。

温馨：《质性研究视角下的青少年亲子沟通状况调查》，硕士学位论文，首都师范大学，2014 年。

吴海谧：《数字媒介环境下的异地家庭代际沟通与边界互动》，硕士学位论文，厦门大学，2017 年。

肖雪梅：《依恋视角下单亲母亲家庭亲子沟通障碍的个案研究》，硕士学位论文，青岛科技大学，2022 年。

张长乐：《微信社区化网络人际传播的建构》，硕士学位论文，安徽大学，2013 年。

张峰：《青少年亲子沟通心理研究》，硕士学位论文，西南师范大学，2004 年。

张瑾瑜：《罪错未成年人生命转折与社会工作服务契合性的研究——基于上海的地方性实践》，硕士学位论文，上海师范大学，2021 年。

张艳：《留守儿童亲子沟通、同伴关系与应对方式的关系及干预研究》，硕士学位论文，安徽医科大学，2013 年。

张颖：《大学生亲子沟通态度与心理适应的相关研究》，硕士学位论文，重庆大学，2008 年。

郑满利：《初中生亲子沟通问题的初步研究》，硕士学位论文，河南大学，2004 年。

周帆：《农村留守儿童亲子关系改善的小组工作介入研究——以枣庄市 Z 村为例》，硕士学位论文，西北民族大学，2022 年。

庄佳昕：《新媒体环境下的亲子关系——对 10 户成年大学生家庭的研究》，硕士学位论文，南京大学，2015 年。

中文研究报告

广州市少年宫:《国内儿童网络安全研究报告》,2016年。

腾讯控股有限公司:《2023中期报告》,2023年。

中国互联网络信息中心:第40次《中国互联网络发展状况统计报告》,2018年。

中国互联网络信息中心:第50次《中国互联网络发展状况统计报告》,2022年。

英文著作

Broderick, Carlfred, *Understanding Family Process: Basics of Family Systems Theory*, Newbury Park, CA: Sage, 1993.

Erikson, Erik, *Identity: Youth and Crisis*, New York: Norton Company, 1968.

Fitzpatrick, Mary and David Ritchie, *Communication Theory and the Family*, *Sourcebook of Family Theories and Methods*, *A Contextual Approach*, New York: Plenum Press, 1993.

Flick, Uwe, *An Introduction to Qualitative Research* (4th ed.), London, United Kingdom: SAGE Publications Limited, 2009.

Hatfield, Elaine, et al., *Emotional Contagion*, Cambridge, United Kingdom: Cambridge University Press, 1994.

Steinberg, Laurence, *Adolescence* (7th ed.), New York: McGraw-Hill Education, 2005.

Sue, Derald Wing and David Sue, *Counseling the Culturally Different: Theory and Practice*, New York: John Wiley, 1981.

Youniss, James and Jacqueline Smollar, *Adolescents Relations with Mothers, Fathers, and Friends*, Chicago: University of Chicago Press, 1985.

英文著作章节

Aquilino, William, "Family Relationships and Support Systems in Emerging Adulthood", in *Emerging adults in America: Coming of Age in the 21st Century*, Washington, D. C.: APA Books, 2006.

Branje, Susan, et al., "Parent – Child Communication During Adolescence", in *The Routledge Handbook of Family Communication*, New York: Routledge, 2012.

Bronfenbrenner, Urie and Pamela Morris, "The Ecology of Developmental Processes", in *Handbook of Child Psychology*, New York: Wiley, 5th editon, Vol. 1, 1998.

Epstein, Nathan, et al., "The McMaster Model: View of Healthy Family Functioning", in *Normal Family Processes*, New York: The Guilford Press, 2nd edition, 1993.

O'Neal Coleman, LaToya, et al., "The Impact of Information and Communication Technology (ICT) Usage on Psychological Well – Being among Urban Youth", in *Technology and Youth: Growing Up in a Digital World (Sociological Studies of Children and Youth)*, Emerald Group Publishing Limited, Bingley, Vol. 19, 2015.

Paulhus, Delroy and Simine Vazire, "The Self – Report Method", in *Handbook of Research Methods in Personality Psychology*, The Guilford Press, 2007.

Ramsey, Meagan, et al., "10 College Students' Use of Communication Technology with Parents: Influences of Distance, Gender, and Social Presence", in *The Psychology of Social Networking*, Berlin, Boston: De Gruyter, Vol. 2.

Steinberg, Laurence and Jennifer Silk, "Parenting Adolescents", in *Hand-*

book of Parenting*, Lawrence Erlbaum Associates Publishers, Vol. 1, 2002.

英文期刊

Abar, Caitlin, et al., "Communication Technology Used among Parents and Their College Teens: Implications for College Health Promotion and Risk Prevention Programs", *Journal of The First - Year Experience & Students in Transition*, Vol. 25, 2013.

Agbeve, Anthony, et al., "Parent - Adolescent Sexuality Communication in the African Context: A Scoping Review of the Literature", *Sexual Medicine Reviews*, Vol. 10, No. 4, 2022.

Aloia, Lindsey and Ron Warren, "Quality Parent - Child Relationships: The Role of Parenting Style and Online Relational Maintenance Behaviors", *Communication Reports*, Vol. 32, No. 2, 2019.

Ball, Hannah, et al., "Parent - Child Communication on Facebook: Family Communication Patterns and Young Adults' Decisions to 'Friend' Parents", *Communication Quarterly*, Vol. 61, No. 5, 2013.

Barger, Michael, et al., "The Relation between Parents' Involvement in Children's Schooling and Children's Adjustment: A Meta - Analysis", *Psychological Bulletin*, Vol. 145, No. 9, 2019.

Barnes, Howard and David Olson, "Parent - Adolescent Communication and the Circumplex Model", *Child Development*, Vol. 56, No. 2, 1985.

Barrera, Manuel and Carolynne Garrison - Jones, "Family and Peer Social Support as Specific Correlates of Adolescent Depressive Symptoms", *Journal of Abnormal Child Psychology*, Vol. 20, No. 1, 1992.

Barrett, Paula et al., "Parent - Child Interactions with Anxious Children and with Their Siblings: An Observational Study", *Behaviour Change*, Vol. 22,

No. 4, 2005.

Bartholomew, Mitchell et al., "New Parents' Facebook Use at the Transition to Parenthood", *Family Relations*, Vol. 61, No. 3, 2012.

Belsky, Jay, "The Determinants of Parenting: A Process Model", *Child Development*, Vol. 55, No. 1, 1984.

Bogenschneider, Karen, et al., "Child, Parent, and Contextual Influences on Perceived Parenting Competence Among Parents of Adolescents", *Journal of Marriage and Family*, Vol. 59, No. 2, 1997.

Booth-Butterfield, Melanie and Robert Sidelinger, "The Influence of Family Communication on the College-Aged Child: Openness, Attitudes and Actions About Sex and Alcohol", *Communication Quarterly*, Vol. 46, No. 3, 1998.

Brage, Diane, et al., "Correlates of Loneliness Among Midwestern Adolescents", *Adolescence*, Vol. 28, No. 111, 1993.

Branje, Susan, et al., "Dynamics of Identity Development in Adolescence: A Decade in Review", *Journal of Research on Adolescence*, Vol. 31, No. 4, 2021.

Braun, Ilija and Philipp Sieger, "Under Pressure: Family Financial Support and the Ambidextrous Use of Causation and Effectuation", *Strategic Entrepreneurship Journal*, Vol. 15, No. 4, 2021.

Brittner, Mindy, et al., Frequency of Parent-Adolescent Alcohol-Specific Communication and Adolescent Perceptions of Alcohol, *Clinical Pediatrics*, Vol. 57, No. 11, 2018.

Carvalho, Joana, et al., "ICTs and Family Functioning: A Study on Portuguese Families with Adolescents and Emerging Adults", *Contemporary Family Therapy*, Vol. 39, 2017.

Carvalho, Joana, et al., "Family Functioning and Information and Communication Technologies: How Do They Relate? A Literature Review", *Computers in Human Behavior*, Vol. 45, 2015.

Chesley, Noelle and Briana Fox, "E‐mail's Use and Perceived Effect on Family Relationship Quality: Variations by Gender and Race/Ethnicity", *Sociological Focus*, Vol. 45, No. 1, 2012.

Chen, Xin and Kin Wai Michael Siu, "Exploring User Behaviour of Emoticon Use Among Chinese Youth", *Behaviour & Information Technology*, Vol. 36, No. 6, 2017.

Child, Jeffrey and David Westermann, "Let's be Facebook Friends: Exploring Parental Facebook Friend Requests from a Communication Privacy Management (CPM) Perspective", *Journal of Family Communication*, Vol. 13, No. 1, 2013.

Coyne, Sarah, et al., "A Friend Request from Dear Old Dad: Associations Between Parent‐Child Social Networking and Adolescent Outcomes", *Cyberpsychology, Behavior and Social Networking*, Vol. 17, No. 1, 2014.

Crowley, Kevin, et al., "Parents Explain More Often to Boys Than to Girls During Shared Scientific Thinking", *Psychological Science*, Vol. 12, No. 3, 2001.

Davalos, Deana, et al., "Effects of Perceived Parental School Support and Family Communication on Delinquent Behaviors in Latinos and White Non‐Latinos", *Culture Diversity & Ethnic Minor Psychology*, Vol. 11, No. 1, 2005.

De Goede, Irene, et al., "Developmental Changes in Adolescents' Perceptions of Relationships with Their Parents", *Journal of Youth and Adolescence*, Vol. 38, No. 1, 2009.

Dekker, Rianne and Godfried Engbersen, "How Social Media Transform Migrant Networks and Facilitate Migration", *Globle Networks*, Vol. 14, No. 4, 2014.

Derks, Daantje, et al., "Emoticons and Online Message Interpretation", *Social Science Computer Review*, Vol. 26, No. 3, 2008a.

Derks, Daantje, et al., "The Role of Emotion in Computer – Mediated Communication: A Review", *Computers in Human Behavior*, Vol. 24, No. 3, 2008b.

Devitt, Kerry and Debi Roker, "The Role of Mobile Phones in Family Communication", *Children & Society*, Vol. 23, No. 3, 2009.

Dumas, Jean and Peter LaFreniere, "Mother – Child Relationships as a Source of Support or Stress: A Comparison of Competent, Average, Aggressive and Anxious Dyads", *Child Development*, Vol. 64, No. 6, 1993.

Dworkin, Jodi, et al., "A Literature Review of Parents' Online Behaviors", *Cyberpsychology: Journal of Psychosocial Research on Cyberspace*, Vol. 7, No. 2, 2013.

Eisenberg, Marla, et al., "Parents' Communication with Adolescents about Sexual Behavior: A Missed Opportunity for Prevention?", *Journal of Youth and Adolescence*, Vol. 35, No. 6, 2006.

Finkenauer, Catrin, et al., "Keeping Secrets from Parents: Advantages and Disadvantages of Secrecy in Adolescence", *Journal of Youth and Adolescence*, Vol. 31, No. 2, 2002.

Fitzpatrick, Mary, et al., "The Effect of Family Communication Environments on Children's Social Behavior During Middle Childhood", *Communication Research*, Vol. 23, No. 4, 1996.

Forehand, Rex and S. Sarah Nousiainen, "Maternal and Paternal Parenting:

Critical Dimensions in Adolescent Functioning", *Journal of Family Psychology*, Vol. 7, No. 2, 1993.

Ganster, Tina, et al., "Same Same But Different!? The Differential Influence of Smilies and Emoticons on Person Perception", *Cyberpsychology, Behavior and Social Networking*, Vol. 15, No. 4, 2012.

García-Moya, Irene, et al., "Understanding the Joint Effects of Family and Other Developmental Contexts on the Sense of Coherence (SOC): A Person-Focused Analysis Using the Classification Tree", *Journal of Adolescence*, Vol. 36, No. 5, 2013.

Gentzler, Amy, et al., "College Students' Use of Electronic Communication with Parents: Links to Loneliness, Attachment, and Relationship Quality", *Cyberpsychology, Behavior, and Social Networking*, Vol. 14, No. 1-2, 2011.

Givertz, Michelle and Chris Segrin, "The Association Between Overinvolved Parenting and Young Adults' Self-Efficacy, Psychological Entitlement, and Family Communication", *Communication Research*, Vol. 41, No. 8, 2014.

Gökhan, Nurper, et al., "The Role of Intraverbal Exchanges in Assessing Parent-Child Relationships", *The Psychological Record*, Vol. 62, No. 2, 2012.

Gonzalez-DeHass, Alyssa, et al., "Examining the Relationship Between Parental Involvement and Student Motivation", *Educational Psychology Review*, Vol. 17, No. 2, 2005.

Gottman, John, et al., "Parental Meta-Emotion Philosophy and the Emotional Life of Families: Theoretical Models and Preliminary Data", *Journal of Family Psychology*, Vol. 10, No. 3, 1996.

Grotevant, Harold and Catherine Cooper, "Individuation in Family Relationships: A Perspective on Individual Differences in the Development of Identity and Role – Taking Skills in Adolescence", *Human Development*, Vol. 29, No. 2, 1986.

Grotevant, Harold and Catherine Cooper, "Patterns of Interaction in Family Relationships and the Development of Identity Exploration in Adolescence", *Child Development*, Vol. 56, No. 2, 1985.

Guo, Ningyuan, et al., "The Association of Problematic Smartphone Use with Family Well – Being Mediated by Family Communication in Chinese Adults: A Population – Based Study", *Journal of Behavioral Addictions*, Vol. 8, No. 3, 2019.

Savita Gupta, Geetika, "Family Communication Patterns Questionnaire: Development and Validation", *International Journal of Recent Technology and Engineering (IJRTE)*, Vol. 8, No. 1, 2019.

Harrist, Amanda and Ralph Waugh, "Dyadic Synchrony: Its Structure and Function in Children's Development", *Developmental Review*, Vol. 22, No. 4, 2002.

Hartos, Jessica and Thomas Power, "Mothers' Awareness of Their Early Adolescents' Stressors: Relation Between Awareness and Adolescent Adjustment", The Journal of Early Adolescence, Vol. 17, No. 4, 1997.

Hefner, Dorothée, et al., "Rules? Role Model? Relationship? The Impact of Parents on Their Children's Problematic Mobile Phone Involvement", *Media Psychology*, Vol. 22, No. 1, 2019.

Herbers, Janette, et al., "Parenting Assessed by Observation Versus Parent – Report: Moderation by Parent Distress and Family Socioeconomic Status", *Journal of Child and Family Studies*, Vol. 26, No. 12, 2017.

Hodge, Camilla, et al. , "The Relationship Between Media in the Home and Family Functioning in Context of Leisure", *Journal of Leisure Research*, Vol. 44, No. 3, 2012.

Holloway, Susan, et al. , "Parenting Self-Efficacy and Parental Involvement: Mediators or Moderators Between Socioeconomic Status and Children's Academic Competence in Japan and Korea?", *Research in Human Development*, Vol. 13, No. 3, 2016.

Huang, Albert, et al. , "Exploring the Potential Effects of Emoticons", *Information & Management*, Vol. 45, No. 7, 2008.

Hudson, Jennifer and Ronald Rapee, "Parent-Child Interactions and Anxiety Disorders: An Observational Study", *Behavior Research and Therapy*, Vol. 39, No. 12, 2001.

Hunter, Fumiyo Tao, "Adolescents' Perception of Discussions with Parents and Friends", *Developmental Psychology*, Vol. 21, No. 3, 1985.

Jaaniste, Tiina, et al. , "Communication Between Parents and Well-Siblings in the Context of Living with a Child with a Life-Threatening or Life-Limiting Condition", *Journal of Paediatrics and Child Health*, Vol. 56, No. 10, 2020.

Jackson, Sandy, et al. , "Adolescents' Perceptions of Communication with Parents Relative to Specific Aspects of Relationships with Parents and Personal Development", *Journal of adolescence*, Vol. 21, No. 3, 1998.

Jacob, Theodore and Sheri Johnson, "Parent-Child Interaction Among Depressed Fathers and Mothers: Impact on Child Functioning", *Journal of Family Psychology*, Vol. 11, No. 4, 1997.

Jensen, Michaeline, et al. , "Daily Parent-Adolescent Digital Exchanges", *Research on Child and Adolescent Psychopathology*, Vol. 49, No. 9, 2021.

Kanter, Maggie, et al. , "The Impact of Parents 'friending' Their Young Adult Child on Facebook on Perceptions of Parental Privacy Invasions and Parent - Child Relationship Quality", *Journal of Communication*, Vol. 62, No. 5, 2012.

Kalakoski, Virpi and Jari - Erik Nurmi, "Identity and Educational Transitions: Age Differences in Adolescent Exploration and Commitment Related to Education, Occupation, and Family", *Journal of Research on Adolescence*, Vol. 8, No. 1, 1998.

Kapetanovic, Sabina and Therése Skoog, "The Role of the Family's Emotional Climate in the Links Between Parent - Adolescent Communication and Adolescent Psychosocial Functioning", *Research on Child and Adolescent Psychopathology*, Vol. 49, No. 2, 2021.

Kaye, Linda, et al. , "Emojis: Insights, Affordances, and Possibilities for Psychological Science", *Trends in Cognitive Sciences*, Vol. 21, No. 2, 2017.

Keijsers, Loes, et al. , "Developmental Links of Adolescent Disclosure, Parental Solicitation, and Control with Delinquency: Moderation by Parental Support", *Developmental Psychology*, Vol. 45, No. 5, 2009.

Khan, Shereen, et al. , "Exploring the Relationship Between Adolescents' Self - Concept and Their Offline and Online Social Worlds", *Computers in Human Behavior*, Vol. 55, 2016.

Kraut, Robert, et al. , "Internet Paradox Revisited", *Journal of Social Issues*, Vol. 58, No. 1, 2002.

Kusheta, Samuel, et al. , "Adolescent - Parent Communication on Sexual and Reproductive Health Issues and Its Factors Among Secondary and Preparatory School Students in Hadiya Zone, Southern Ethiopia: Institution

Based Cross Sectional Study", *BMC Pediatrics*, Vol. 19, No. 1, 2019.

Larson, Reed, et al., "Changes in Adolescents' Daily Interactions with Their Families from Ages 10 to 18: Disengagement and Transformation", *Developmental Psychology*, Vol. 32, No. 4, 1996.

Lekhuleni, Fortunate, et al., "Testing the Acceptability and Feasibility of Video Observational Methodology to Measure Parent – Adolescent Communication and Interaction", *Frontiers in Child and Adolescent Psychiatry*, Vol. 2, 2023.

Levitt, Mary, et al., "Convoys of Social Support in Childhood and Early Adolescence: Structure and Function", *Developmental Psychology*, Vol. 29, No. 5, 1993.

Liu, Li and Meifang Wang, "Parenting Stress and Harsh Discipline in China: The Moderating Roles of Marital Satisfaction and Parent Gender", *Child Abuse & Neglect*, Vol. 43, 2015.

Liu, Piper Liping and Louis Leung, "Migrant Parenting and Mobile Phone Use: Building Quality Relationships Between Chinese Migrant Workers and Their Left – Behind Children", *Applied Research in Quality of Life*, Vol. 12, 2017.

Luor, Tainyi., et al., "The Effect of Emoticons in Simplex and Complex Task – Oriented Communication: An Empirical Study of Instant Messaging", *Computers in Human Behavior*, Vol. 26, No. 5, 2010.

Marino, Claudia, et al., "Attachment and Problematic Facebook Use in Adolescents: The Mediating Role of Metacognitions", *Journal of Behavioral Addictions*, Vol. 8, No. 1, 2019.

Mesch, Gustavo, "Parent – Child Connections on Social Networking Sites and Cyberbullying", *Youth & Society*, Vol. 50, No. 8, 2018.

McLean, Kate and Lauren Jennings, "Teens Telling Tales: How Maternal and Peer Audiences Support Narrative Identity Development", *Journal of Adolescence*, Vol. 35, No. 6, 2012.

Muhwezi, Wilson, et al., "Perceptions and Experiences of Adolescents, Parents and School Administrators Regarding Adolescent – Parent Communication on Sexual and Reproductive Health Issues in Urban and Rural Uganda", *Reproductive Health*, Vol. 12, No. 1, 2015.

Mullen, Caron and Nicola Hamilton, "Adolescents' Response to Parental Facebook Friend Requests: The Comparative Influence of Privacy Management, Parent – Child Relational Quality, Attitude and Peer Influence", *Computers in Human Behavior*, Vol. 60, 2016.

Nelson, Eric, et al., "Social Re – Orientation and Brain Development: An Expanded and Updated View", *Developmental Cognitive Neuroscience*, Vol. 17, 2016.

Nelson, Eric, et al., "The Social Re – Orientation of Adolescence: A Neuroscience Perspective on the Process and Its Relation to Psychopathology", *Psychological Medicine*, Vol. 35, No. 2, 2005.

Niu, Gengfeng, et al., "Online Parent – Child Communication and Left – Behind Children's Subjective Well – Being: the Effects of Parent – Child Relationship and Gratitude", *Child Indicators Research*, Vol. 13, 2020.

Noller, Patricia and Victor Callan, "Adolescents' Perceptions of the Nature of Their Communication with Parents", *Journal of Youth and Adolescence*, Vol. 19, No. 4, 1990.

Noller, Patricia and Stephen Bagi, "Parent – Adolescent Communication", *Journal of Adolescence*, Vol. 8, No. 2, 1985.

O'Malley, Colleen, et al., "Children's Reported Communication with Their

Parents about War", *Journal of Family Issues*, Vol. 28, No. 12, 2007.

Ohannessian, Christine, "Parental Problem Drinking and Adolescent Psychological Problems: The Moderating Effect of Adolescent – Parent Communication", *Youth & Society*, Vol. 45, No. 1, 2013.

Olson, David, "Circumplex Model of Marital and Family Systems", *Journal of Family Therapy*, Vol. 22, No. 2, 2000.

Padilla – Walker, Laura, et al., "A Longitudinal Growth Mixture Model of Child Disclosure to Parents Across Adolescence", *Journal of Family Psychology*, Vol. 32, No. 4, 2018.

Padilla – Walker, Laura, et al., "Getting a High – Speed Family Connection: Associations Between Family Media Use and Family Connection", *Family Relations*, Vol. 61, No. 3, 2012.

Ponnet, Kaat, et al., "Suicidal Behaviour in Adolescents: Associations with Parental Marital Status and Perceived Parent – Adolescent Relationship", *Journal of Affective Disorders*, Vol. 89, No. 1, 2005.

Rajyaguru, Priya, et al., "Disciplinary Parenting Practice and Child Mental Health: Evidence from the UK Millennium Cohort Study", *Journal of the American Academy of Child and Adolescent Psychiatry*, Vol. 58, No. 1, 2019.

Ramsey, Meagan, et al., "College Students' Use of Communication Technology with Parents: Comparisons Between Two Cohorts in 2009 and 2011", *Cyberpsychology, Behavior, and Social Networking*, Vol. 16, No. 10, 2013.

Rezabek, Landra and John Cochenour, "Visual Cues in Computer – Mediated Communication: Supplementing Text with Emoticons", *Journal of Visual Literacy*, Vol. 18, No. 2, 1998.

Richards, Rosalina, et al., "Adolescent Screen Time and Attachment to Parents and Peers", *Archives of Pediatrics and Adolescent Medicine*, Vol. 164, No. 3, 2010.

Riordan, Monica, "Emojis as Tools for Emotion Work: Communicating Affect in Text Messages", *Journal of Language and Social Psychology*, Vol. 36, No. 5, 2017.

Rodrigues, David and Diniz Lopes, "Sociosexuality, Commitment, and Sexual Desire for an Attractive Person", *Archives of Sexual Behavior*, Vol. 46, No. 3, 2017.

Rogers, Maria, et al., "Parental Involvement and Children's School Achievement: Evidence for Mediating Processes", *Canadian Journal of School Psychology*, Vol. 24, No. 1, 2009.

Root, Carol and Jennifer Jenkins, "Maternal Appraisal Styles, Family Risk Status and Anger Biases of Children", *Journal of Abnormal Child Psychology*, Vol. 33, No. 2, 2005.

Rosenblatt, Paul and Xiaohui Li, "Hazards to Family Relationships from Cell Phone Usage While Driving", *Family Science Review*, Vol. 15, No. 2, 2010.

Rubin, Kenneth, et al., "Emotion Regulation, Parenting and Display of Social Reticence in Preschoolers", *Early Education and Development*, Vol. 12, No. 1, 2001.

Rudi, Jessie, et al., "Adolescent-Parent Communication in a Digital World: Differences by Family Communication Patterns", *Youth & Society*, Vol. 47, No. 6, 2015a.

Rudi, Jessie, et al., "Parents' Use of Information and Communications Technologies for Family Communication: Differences by Age of Children",

Information, *Communication & Society*, Vol. 18, No. 1, 2015b.

Santana – Vega, Lidia – E, et al., "Adolescents Problematic Mobile Phone Use, Fear of Missing out and Family Communication", *Comunicar*, Vol. 27, No. 59, 2019.

Shanahan, Lilly, et al., "Warmth with Mothers and Fathers from Middle Childhood to Late Adolescence: Within – and Between – families Comparisons", *Developmental Psychology*, Vol. 43, No. 3, 2007.

Shek, Daniel, "Individual and Dyadic Predictors of Family Functioning in a Chinese Context", *American Journal of Family Therapy*, Vol. 27, No. 1, 1999.

Shek, Daniel, "Differences Between Fathers and Mothers in the Treatment of, and Relationship with, Their Teenage Children: Perceptions of Chinese Adolescents", *Adolescence*, Vol. 35, No. 137, 2000.

Siegel, Deborah, et al., "Conversations About Science Across Activities in Mexican – Descent Families", *International Journal of Science Education*, Vol. 29, No. 12, 2007.

Skovholt, Karianne, et al., "The Communicative Functions of Emoticons in Workplace E – Mails", *Journal of Computer – Mediated Communication*, Vol. 19, No. 4, 2014.

Small, Meg, et al., "Protective Effects of Parent – College Student Communication During the First Semester of College", *Journal of American College Health*, Vol. 59, No. 6, 2011.

Smetana, Judith, et al., "Disclosure and Secrecy in Adolescent – Parent Relationships", *Child Development*, Vol. 77, No. 1, 2006.

Soenens, Bart, et al., "Parenting and Adolescent Problem Behavior: An Integrated Model with Adolescent Self – Disclosure and Perceived Parental

Knowledge as Intervening Variables", *Developmental Psychology*, Vol. 42, No. 2, 2006.

Stafford, Laura and Joshua Hillyer, "Information and Communication Technologies in Personal Relationships", *The Review of Communication*, Vol. 12, No. 4, 2012.

Steeger, Christine and Dawn Gondoli, "Mother – Adolescent Conflict As a Mediator Between Adolescent Problem Behaviors and Maternal Psychological Control", *Developmental Psychology*, Vol. 49, No. 4, 2013.

Steinberg, Laurence, "We Know Some Things: Parent – Adolescent Relationships in Retrospect and Prospect", *Journal of Research on Adolescence*, Vol. 11, No. 1, 2001.

Su, Shaobing, et al., "Psychological Adjustment Among Left – Behind Children in Rural China: The Role of Parental Migration and Parent – Chill Communication", *Child: Care, Health and Development*, Vol. 39, No. 2, 2013.

Sun, Xiaojun, et al., "Psychological Development and Educational Problems of Left – Behind Children in Rural China", *School Psychology International*, Vol. 36, No. 3, 2015.

Lam, Sunny, "ICT's Impact on Family Solidarity and Upward Mobility in Translocal China", *Asian Journal of Communication*, Vol. 23, No. 3, 2013.

Szkody, Erica and Cliff McKinney, "Family Communication Patterns and Relationship Quality Between Emerging Adults and Their Parents", *Journal of Social and Personal Relationships*, Vol. 38, No. 11, 2021.

Tadpatrikar, Ashwini, et al., "Influence of Technology Usage on Family Communication Patterns and Functioning: A Systematic Review", *Asian*

Journal of Psychiatry, Vol. 58, 2021.

Tenenbaum, Harriet and Maureen Callanan, "Parents' Science Talk to Their Children in Mexican – Descent Families Residing in the USA", *International Journal of Behavioral Development*, Vol. 32, No. 1, 2008.

Tossell, Chad, et al., "A Longitudinal Study of Emoticon Use in Text Messaging from Smartphones", *Computers in Human Behavior*, Vol. 28, No. 2, 2012.

Trice, Ashton, "First Semester College Students' Email to Parents: I. Frequency and Content Related to Parenting Style", *College Student Journal*, Vol. 36, No. 3, 2002.

Updegraff, Kimberly, et al., "Adolescents' Sibling Relationship and Friendship Experiences: Developmental Patterns and Relationship Linkages", *Social Development*, Vol. 11, No. 2, 2002.

Van Ingen, Danniel, et al., "Parental Overinvolvement: A Qualitative Study", *Journal of Developmental and Physical Disabilities*, Vol. 20, No. 5, 2008.

Vangelisti, Anita, "Older Adolescents' Perceptions of Communication Problems with Their Parents", *Journal of Adolescent Research*, Vol. 7, No. 3, 1992.

Vijayakumar, Nandita and Jennifer Pfeifer, "Self – Disclosure During Adolescence: Exploring the Means, Targets, and Types of Personal Exchanges", *Current Opinion in Psychology*, Vol. 31, 2020.

Walther, Joseph and Kyle D'Addario, "The Impacts of Emoticons on Message Interpretation in Computer – Mediated Communication", *Social Science Computer Review*, Vol. 19, No. 3, 2001.

Wang, Manping, et al., "Using Information and Communication Technologies for Family Communication and Its Association with Family Well – Being in Hong Kong: FAMILY Project", *Journal of Medical Internet Research*, Vol. 17, No. 8, 2015.

Warren, Ron and Lindsey Aloia, "Parent – Adolescent Communication Via Mobile Devices: Influences on Relational Closeness", *Journal of Family Issues*, Vol. 39, No. 15, 2018.

Waterman, Alan, "Identity Development from Adolescence to Adulthood: An Extension of Theory and a Review of Research", *Developmental Psychology*, Vol. 18, No. 3, 1982.

Watts, Judy and Shelly Hovick, "The Influence of Family Communication Patterns and Identity Frames on Perceived Collective Psychological Ownership and Intentions to Share Health Information", *Health Communication*, Vol. 38, No. 6, 2023.

Williams, Amanda and Michael Merten, "iFamily: Internet and Social Media Technology in the Family Context", *Family and Consumer Sciences Research Journal*, Vol. 40, No. 2, 2011.

Wilson, Steven, et al., "Do Family Communicatian Patterns Buffer Children from Difficulties Associated with a Parent's Military Development? Examminy Deployed and At – home Parents' Perspectives", *Journal of Family Communication*, Vol. 14, No. 1, 2014.

Wyckoff, Sarah, et al., "Patterns of Sexuality Communication Between Preadolescents and Their Mothers and Fathers", *Journal of Child and Family Study*, Vol. 17, No. 5, 2008.

Yu, Qian, et al., "From 'Connected Presence' to 'Panoptic Presence': Reframing the Parent – Child Relationship on Mobile Instant Messaging Uses in the Chinese Translocal Context", *Mobile Media & Communication*,

Vol. 5, No. 2, 2017.

Zapf, Holger, et al., "A Systematic Review of Parent – Child Communication Measures: Instruments and Their Psychometric Properties", *Clinical Child and Family Psychology Review*, Vol. 26, No. 1, 2023.

Zhang, Qiongwen, et al., "Parent – Adolescent Communication and Early Adolescent Depressive Symptoms: The Roles of Gender and Adolescents' Age", *Frontiers in Psychology*, Vol. 12, 2021.

英文学位论文

Winkelman, Sara, Parent – Child Communication about Work: Linkages with Children's Perceptions of Parental Employment and Children's Educational and Occupational Aspirations, Master's Thesis, Washington State University, 2006.

英文会议论文

Burke, Moira, et al., "Families on Facebook", Proceedings of the Seventh International AAAI Conference on Weblogs and Social Media, Vol. 7, No. 1, 2021.

英文研究报告

Lenhart, Amanda, *Teens, Smartphones, and Texting*, Washington, D. C.: Pew Internet and American Life Project, 2012.

Lenhart, Amanda, et al., *Teens, Kindness and Cruelty on Social Network Sites*, Washington, D. C.: Pew Internet and American Life Project, 2011.

Lenhart, Amanda, et al., *Teens and Social Media*, Washington, DC: Pew Internet and American Life Project, 2007.

Madden, Mary, et al. , *Review: Teens, Social Media and Privacy*, Washington, D. C. : Pew Internet and American Life Project, 2013.

Madden, Mary, et al. , *Parents, Teens, and Online Privacy*, Cambridge, M. A. : Berkman Center for Internet and Society; Washington, D. C. : Pew Internet and American Life Project, 2012.

Rideout, Victoria, et al. , *Generation M 2: Media in the Lives of 8 – to 18 – Year – Olds*, Washington, D. C. : Kaiser Family Foundation, 2010.

后　　记

　　从 2016 年策划研究课题到如今成果出版，8 年时间已经过去了。8 年中，我们课题组从获得国家社会科学基金立项的兴奋喜悦，到反复论证、不断修改研究设计方案的平淡疲乏，到疫情期间招募参与者、收集数据停滞不前的悲观无助，再到对庞杂繁多的亲子微信聊天记录进行一一转换、编码、计数、分析的巨大压力，再到项目顺利结题的欣慰自豪，最后到悉心回顾总结、整理研究成果形成书稿的充实平静……可谓是充分体验了学术研究充满挑战又收获满满的神奇旅程。除此之外，我个人也在此期间怀孕生子，完成了从一个"隔岸观火"的亲子关系研究者到一个身在其中的孩子母亲的角色转变，研究亲子沟通和亲子关系的意义对我而言也发生了微妙的变化。

　　线上亲子沟通作为当代亲子沟通的重要组成部分，是了解亲子沟通全貌必不可少的研究内容。然而，比起成果丰硕的面对面（线下）亲子沟通研究而言，目前国内外学者对线上亲子沟通，尤其是对青少年与父母的线上亲子沟通的关注依然十分匮乏。在这样的背景下，本书系统地考察了我国青少年与父母的微信沟通现状、影响因素和其对亲子关系的影响结果，并开创性地收集了大量一手的亲子微信聊天数据，有效避免了自我报告带来的回忆偏差、社会赞许性偏差的影响，为线上亲子沟通提供了更加客观和准确的研究素材。然而，由于微信聊天数据数量庞杂，内容繁多，本书只呈现了对其初步的、整体的分析结果，未来课题组还将进一步针对微信聊天数据进行更加细致和深入的分析。

  感谢我的学生宛雪灵、张泽南、郑佳鑫、刘明鑫、高胜寒和章展瑜在开展研究和整理书稿过程中的辛勤付出，感谢中国社会科学出版社程春雨编辑在本书出版过程中的鼎力相助，更要感谢参与本课题、为我们提供宝贵的研究数据的近两千名大学生、中学生，没有你们的充分信任和积极参与，本课题将难以成行。最后，感谢我的先生，我完成的每一件事情背后都有你无条件的、不遗余力的支持和帮助；感谢我的女儿，虽然你的出现极大地减缓了我研究和写作的进程，但在你清澈明亮的眼中，我看到了之前从不曾见过的这个世界的美好，感受到了之前从未体验过的爱的柔软。

高　钦

2023 年 9 月